浙江大学金融研究基金资助

Strategies of Regional Financial Development

区域金融
发展战略

史晋川　何嗣江 ○ 等著

ZHEJIANG UNIVERSITY PRESS
浙江大学出版社

图书在版编目（CIP）数据

区域金融发展战略／史晋川等著. —杭州：浙江
大学出版社，2014.5
ISBN 978-7-308-13129-2

Ⅰ.①区… Ⅱ.①史… Ⅲ.①区域金融－经济发展战
略－研究－中国 Ⅳ.①F832.7

中国版本图书馆 CIP 数据核字（2014）第 080589 号

区域金融发展战略

史晋川　何嗣江　等著

责任编辑		赵博雅
文字编辑		金佩雯
封面设计		续设计
出版发行		浙江大学出版社
		（杭州市天目山路 148 号　邮政编码 310007）
		（网址：http://www.zjupress.com）
排	版	杭州中大图文设计有限公司
印	刷	杭州日报报业集团盛元印务有限公司
开	本	710mm×1000mm　1/16
印	张	16.25
字	数	200 千
版印次		2014 年 5 月第 1 版　2014 年 5 月第 1 次印刷
书	号	ISBN 978-7-308-13129-2
定	价	42.00 元

浙江大学出版社发行部联系方式：0571－88925591；http://zjdxcbs.tmall.com

前　言

　　本书选取了浙江大学经济学院、浙江大学金融研究院史晋川教授团队"十二五"期间完成的四份地方金融创新发展课题研究报告，分别是：浙江省温州市人民政府 2010 年 8 月委托的《温州市民营经济改革创新试验区若干金融发展重大问题研究》、甘肃省庆阳市人民政府 2012 年 4 月委托的《西部革命老区庆阳市金融改革创新研究》、浙江省台州市路桥区人民政府 2012 年 3 月委托的《台州市路桥区金融创新发展研究》以及浙江省嘉兴市南湖区人民政府 2011 年 8 月委托的《嘉兴市南湖区金融创新发展研究》。在本书收集的文章中，有多篇获得省政府领导、国家领导人的重视与批示，有的已经进入决策程序付诸实施。全书共 7 章：

　　第一章　温州地方金融发展及政策创新。本章系课题《温州市民营经济改革创新试验区若干金融发展重大问题研究》总报告。改革开放三十余年来，依托市场化、民营化的先行先试，温州区域金融发展具有较好基础并取得了显著成绩。但随着国内外环境发展变化、区域竞争日益激烈，温州市的改革先发优势正逐渐弱化，长期积累的结构性矛盾日益凸显，金融业面临着行业发展不平衡、区域发展不协调、创新能力不足、大量民间资本游离在实体经济之外、经济社会转型发展中的金融需求无法得到较好满足等众多问题。为增强温州的金融动员能力，进一步发挥民间资本的规模优势，构建民间资本转化为产业资本的有效机制，必须在金融创新及民间金融规范发展的相关领域敢于先试先行，实现创新突破，重塑温州金融发展支持经济发展的体制和机制优势。本章基于温州经济发展中的金融需求，以农村金融组织、股权投资和利率市场化三个领域为重点，对温州金融发展中面临的问题进行系统深入的分析，研究金融发展和政策创新的新思路，为温州金融的创新发展提供具体的政策建议。

第二章 温州农村金融组织发展及政策创新。本章系课题《温州市民营经济改革创新试验区若干金融发展重大问题研究》专题报告之一。资料表明：温州小微企业发展中有超过90％从未得到过正规金融机构的资金支持，另一方面则至少有6000多亿元民间资金常年游离于实体经济之外。温州市经济社会转型发展中强劲的小微企业金融需求和巨额民间资金的投资需求为温州农村金融组织创新发展带来了难得的机遇，当务之急是：在有效防范风险的前提下，通过制度和政策创新，引导活跃的民间资金规范化运作，鼓励民间资金投资于地方金融，增设和创新新型农村金融组织，构建普惠制金融体系，改革和完善农村信用联社、农村合作银行、农村商业银行、小额贷款公司、典当、担保等地方性金融机构和中小微金融组织，让有真实资金需求的个人和微小企业能够以合理的价格，方便、及时、有尊严地获取高质量的金融服务，打造与发达的县域民营经济相匹配的"金融强市"及金融生态。

第三章 温州股权投资的发展及政策创新。本章系课题《温州市民营经济改革创新试验区若干金融发展重大问题研究》专题报告之二。区域经济与区域金融具有较高的相关性，区域金融的协调发展可以有效引导区域经济结构调整，促进新技术、劳动力等要素的充分利用,提高产业集群的集聚和生产效率;而区域经济的繁荣与发展又为区域金融开辟新的效益增长点,提供进一步发展的平台。研究认为,拓展以股权投资为中心的直接融资渠道是协调金融经济发展、促进温州经济结构优化和转型升级的关键。所以,积极建立配合产业间和产业内转型升级(民间资本涉足高新技术产业及金融业和传统产业的整合升级)的政府引导基金,发展私募股权投资基金,建立母基金,并探索市政融资途径,就显得尤为重要。

第四章　温州利率市场化及政策创新。本章系课题《温州市民营经济改革创新试验区若干金融发展重大问题研究》专题报告之三。温州是我国第一个正式利率市场化试点地区,经过了三十多年的市场化改革,温州取得了一系列成果,同时也出现了一些问题。不完全市场化导致双重利率体系间呈现出较明显的分割状态,这种状态不利于温州地区资金的融通,同时分割状态的资金市场也导致了资金需求与供给的匹配度低,甚至出现了"供给真空"的需求带,给温州地区的资金配置与产业的转型发展造成了阻碍;同时,欠规范的民间借贷市场蕴藏着巨大的潜在风险。研究认为:利率市场化改革要充分尊重现实和考虑地区间的差异,需要坚持"立足现实、率先试点,循序渐进、重点突破,秩序稳定、风险可控"的原则,通过架构双轨利率体系桥连模式,逐步打通"体制内、体制外"双轨制利率通道,最终实现体制内、体制外利率并轨,此乃可行、稳妥的利率市场化之选择。

第五章　西部革命老区庆阳市金融改革创新研究。广大老区和西部地区的现行金融体系中不仅存在严重的"失血"机制,"造血"机制也存在着功能性缺陷。金融发展滞后已成为制约广大老区和西部地区经济社会转型发展的重大障碍,亟须顶层设计规划,动员多方资源,集国家和省、市之力推动金融改革创新发展。研究认为:作为陕甘宁革命老区的庆阳市,其金融产业发展的战略定位应紧紧围绕金融服务实体经济的要求,坚持率先试验与风险可控的原则,以满足日益增长的金融需求为主线,加强体制机制创新,推进金融综合改革,勇于在"农村金融、小微金融、产业金融、地方资本市场"等方面先行先试,着力形成与庆阳市经济社会协调发展的金融支撑体系,促进庆阳市金融产业的创新驱动、内生增长,把庆阳打造成为"具有西部革命老区特色、全国意义的支持广大老区和西部地区经济社会转型发展的金融综合改革创新示范市",引领并促进广大老区和西部地区实现产业、城市和社会平稳、较快的转型发展。

第六章 台州市路桥区金融创新发展研究。为增强路桥的金融动员能力和金融服务能力,巩固金融强区地位,再创路桥金融创新发展新优势、新亮点,必须确立既符合省市金融发展导向和路桥金融特色,又反映地方金融创新发展要求的战略目标和定位,敢于先试先行,实现创新突破,重塑路桥金融发展助推经济发展的体制和机制优势。基于路桥经济社会发展中的金融需求与金融发展中所面临的问题,目前须以小微金融、产业金融和民间资本规范发展三个领域为重点,研究金融创新和政策创新的新思路,并为路桥金融的创新发展提供具体的政策建议。中长期则应通过创建具有全国影响和标杆意义的"小微金融服务创新示范区",做深做实小微企业金融服务,做亮做强小微金融机构特色,把路桥打造成为特色金融强区和"中国小微金融服务之都"。

第七章 嘉兴市南湖区金融创新发展研究。基于嘉兴市南湖区作为浙江接轨上海的桥头堡的地域优势、在统筹城乡发展上先进的经验与先行先试的政策优势,以及本地区经济社会转型发展的金融需求,目前须着力丰富金融发展载体、强化小微企业金融服务功能、推进多元化融资、创新特色金融、合理布局空间体系。通过若干年的努力,把南湖区建设成为在长三角有重要影响的"金融业公共服务基地"、"小微企业金融服务中心"和"城乡统筹金融创新先行区"。

　　限于笔者的学识,本书所作的分析和探索还只是初步的,疏漏、不当乃至错误之处在所难免,敬请广大读者不吝批评指正。笔者期望本书的出版能够抛砖引玉,吸引更多的专家学者对地方金融创新发展尤其是"十二五"期间中国地方金融创新发展问题展开更加深入的研究。

作　者

2014 年 2 月于杭州

目　录

第一章　温州地方金融发展及政策创新[①]

改革开放三十余年来,依托市场化、民营化的先行先试,温州区域金融发展具有较好基础并取得了显著成绩。但随着国内外环境发展变化、区域竞争日益激烈,温州市的改革先发优势正逐渐弱化,长期积累的结构性矛盾日益凸显,金融业面临着行业发展不平衡、区域发展不协调、创新能力不足、大量民间资本游离在实体经济之外、经济社会转型发展中的金融需求无法得到较好满足等众多问题。为增强温州的金融动员能力,进一步发挥民间资本的规模优势,构建民间资本转化为产业资本的有效机制,必须在金融创新及民间金融规范发展的相关领域敢于先试先行,实现创新突破,重塑温州金融发展支持经济发展的体制和机制优势。

为了贯彻落实国家"民营经济改革创新试验区"的建设要求,主动对接《浙江省"十二五"金融发展规划》,把温州建设成为服务民营经济的重要区域金融中心、民间资本集散中心、金融创新试验区和民间金融规范发展示范区,本课题组从温州经济发展中的金融需求出

①　本章系浙江大学经济学院、浙江大学金融研究院 2010 年 8 月启动、2011 年 9 月完成的《温州市民营经济改革创新试验区若干金融发展重大问题研究》成果之一。课题总负责人:史晋川教授。课题调研中得到了浙江省人民政府金融工作办公室、温州市人民政府金融工作办公室、中国人民银行杭州中心支行、浙江省银监局、浙江省证监局、浙江省保监局等单位的大力支持,在此表示感谢! 本章执笔:何嗣江、周夏飞、刘青。

发,以农村金融组织、股权投资和利率市场化三个领域为重点,对温州金融发展中面临的问题进行系统深入的分析,研究金融发展和政策创新的新思路,为温州金融的创新发展提供具体的政策建议。

第一节　温州经济发展中的金融需求与地方金融创新发展重点

为把温州建设成为服务民营经济的重要区域金融中心、民间资本集散中心、金融创新试验区和民间金融规范发展示范区,重塑温州金融发展支持经济发展的体制和机制优势,必须认真梳理温州经济社会转型发展中日益增长的金融需求,理清温州地方金融发展的重点。

一、温州经济发展中的金融需求

"十二五"期间,温州经济在转型发展过程中,产业转型升级、城市推进、城乡统筹发展、中小企业成长、民间资本投资、在外温商资金回归、特定群体投资创业,都将对金融形成巨大的需求。如何有效满足这些金融需求,破解经济社会转型和中小企业发展投资不足和民间资本过剩的"两难"困境,把雄厚的民间资本转化为促进温州经济发展的产业资本,有效拓宽人民群众财产性收入的渠道,推动温州经济转型升级,是当前温州金融业发展需要解决的重大课题。

1.经济社会转型中的金融需求

——产业转型升级中的金融需求。未来时期,温州产业转型升级速度将进一步加快。产业转型升级包括产业内升级和产业间升级两个部分。产业间升级的问题在于如何引导部分传统产业和民间资本转向资本、技术密集型行业和服务业，尤其是金融业；产业内升级的问题在于传统产业向价值链高端升级。以低碳经济为重点的绿色工业、海洋经济、战略性新兴产业及现代服务业将获得重点发展，从而催生出大量的资金需求和众多的金融服务需求，对融资方式的创新发展提出了更高的要求，传统产业升级换代、新兴产业的兴起将引致大量弱势群体转岗或二次创业，由此将产生大量的民生性金融需求。

——城市化发展中的金融需求。目前，温州发展已进入工业化后期，而城市化水平则处于中期阶段，两者发展的不对称，必然成为提升工业化水平和加快产业结构调整的瓶颈。"十二五"期间，温州市城市化率将处在50%～60%，国际经验表明，城市化水平处于这一区间是农村人口、产业、资源要素等快速向城市集聚的阶段，也是城乡由分割向融合和一体化发展的阶段。在这一发展阶段，城市化和工业化互动发展必将产生诸多的金融需求，为地方金融跨越发展提供新的引擎。

——城乡统筹中的金融需求。城乡统筹中的金融需求主要来源于"新三农"的发展。"新农业"发展就是在工业化、城镇化深入发展中同步推进农业现代化，将转变农业发展方式贯穿到底，这将引致诸如资金规模、资金用途、信贷风险等金融需求发生新的变化。在"新农村"发展中，农村城镇化和新农村社区的建设、农村消费市场的培育都对金融服务提出了新的要求。在未来几年内，"新农民"将成为农民队伍的主体，他们自主创业意识提高，对土地的依恋情结减弱，"融入城市"愿望增强，相应地，创新型金融服务日显迫切。

2. 中小企业发展中的金融需求

中小企业在温州经济中占据主体地位，是温州经济的一大特色，是推动温州经济发展的重要支柱。温州民营中小企业包括私营企业、自然人控股的股份制企业、股份合作制企业、外资企业以及个体工商户,涉及农业、工业和第三产业的各个领域。2010 年年底,温州市中小企业数量占全市工业企业数量的 95% 以上,中小企业上交的税收占全市财政收入的 70%,创造的外贸出口占全市外贸出口总额的 90% 以上,从业人员占全市企业职工数的 80% 左右。

资金问题一直是众多中小企业发展的瓶颈。由于股票、公司债券等直接融资方式门槛过高,温州中小企业主要依靠民间融资、股东增资和商业银行借贷等融资方式解决发展中的资金需求。民间融资利率极高,往往使企业背上沉重的包袱;股东个人的资产有限,不能解决企业长久的资金需求问题;由于银行政策和中小企业自身风险大、资产少且担保能力有限,向商业银行融资这一途径也是困难重重。因此,中小企业融资困境构成了温州经济发展中一个迫切需要解决的问题。

3.投资创业的金融需求

——民间资金转化为投资资本的需求。温州以民营经济发达著称,三十年来温州经济的蓬勃发展,积累了大量的民间资本,据不完全统计,温州民间资本超过 6000 亿元,且每年以 14% 的速度增长。在传统制造业进入微利时代后,温州资本在第二次创业中遭遇到了资源禀赋的强烈约束,大量民间资本亟须寻求有效投资渠道,而现有的金融体系无法充分吸纳和转化逐利性的民间资本。这一矛盾的累积,容易引发非法集资、盲目投资和资本外流等问题。因此,巨量民间资金亟须地方政府通过地方金融改革和创新,引导其回归并转化为当地经济社会转型发展的产业资本和金融资本。

——在外温商资金回归的需求。近年来,由于低技术产业的过度膨胀、出口贸易导向的增长以及资源、市场和环境的有限性,尤其是受到金融危机等外部因素的影响,加之没有得到合理引导,温州民间资本在外投资、投机屡屡受挫,如俄罗斯打击"灰色清关"行动、迪拜危机、山西煤改等事件均对温商造成了不可低估的损失,对温州形象的负面影响同样不容忽视。国内外温商回乡创业的热潮已经开始,并将持续。为了发扬光大温州人的精神和温商品牌,顺应海内外温商回归创业的发展需求,并把握这一历史机遇,有必要创新制度和政策,搭建起良好的金融服务平台,促进在外温商资金回流、人才回归和项目回迁。

——特定群体创业的金融需求。这里的特定群体主要是指失土和离地农民、高校毕业生、失业或转岗人员。随着城市化、城镇化进程不断加快、土地大量被征用,温州市失土、离地的农民越来越多,迫切需要通过促进创业来保障和改善他们的生活水平。他们中的大多数人原始积累较少,缺乏投资创业实力,需要外部资金支持。近年来,高校毕业生持续增加,引发了大学生较大的就业压力,有必要加大对其自主创业的金融支持力度,通过创业带动就业,从而缓解高校毕业生的就业困境。"十二五"期间,传统产业的转型升级、新兴产业的发展将导致大量弱势群体转岗或二次创业。通过提供金融支持,推进创业、带动就业,应是解决上述问题的一项主要抓手。

二、温州地方金融创新发展重点

农村金融组织、股权投资和利率市场化是温州金融改革的三个主要重点领域,三者相互影响,互为补充,缺一不可。农村金融组织改革是完善多元化金融机构体系的客观需要;股权投资发展是创新融资方式的必然要求;利率市场化是金融组织良好运行和资本市场正常运作的重要保证。三者从不同角度为金融发展提供切入点,共同构成了温州的金融创新发展。金融创新的最终目标,是增强金融动员能力,为中小企业成长提供足够的金融支持,促进民间资本有效转化为产业资本和金融资本,推动经济社会的转型发展。

1.推动农村金融组织改革

农村金融组织是金融机构体系中十分重要的组成部分,对解决中低收入农户、微小企业等弱势群体自主创业融资难问题具有重要作用。农村金融组织改革有利于改变温州金融业发展不平衡的现状,完善多元化金融组织体系,为各种类型的资金需求主体提供资金融通。

为了推进农村金融组织改革,必须积极创新小额贷款公司再融资路径,以增强小额贷款公司的运作实力,如:着力扶持运作优良的小额贷款公司,积极尝试通过国内外创业板进行市场融资,探索小额贷款公司通过申报发行企业债和中期票据等方式从社会融资;积极争取市内的小额贷款公司组成联合体,发行集合债券,增加直接融资规模,突破质地优良的小额贷款公司向商业银行再融资的比例限制,着力推进小额贷款公司转制为新型村镇银行,以办成真正意义上的村镇银行,并提高村镇银行服务水平和市场生存能力,为民间资本进入金融业提供一条风险相对较低的途径;加快创设民间资本管理服务合作社,充分发挥其对正规金融机构的市场拾遗补缺功能,引导民间资金有序流动,以满足中低收入农户和微小企业的金融需求;规范发展民间借贷活动,提高融资效率,规范民间融资双方行为,促进多层次信贷市场的形成,及时化解潜在的借贷纠纷;进一步加快市区农村合作银行的转型发展,逐步将市区农村合作银行从区级机构升格为市级机构,从股份合作制金融组织改制为股份制中小商业银行,满足民营中小企业和个体工商户从事非农生产经营的资金要求。

2.促进股权投资发展

股权投资作为直接融资的主要形式,可以弥补间接融资方式的不足,实现民间资本与实体经济的有效对接。大力发展股权投资,可以切实提高直接融资的比例,优化金融要素结构,完善多层次金融市场体系,推动金融与经济的协调发展,促进经济结构优化和转型升级。

为了促进股权投资发展,必须积极创新股权投资运作模式,设立功能互补的政府引导基金,充分发挥政府资金的杠杆和引导作用,扶持中小科技创新企业的发展,促进产业集群和传统产业的整合重组、做大做强,合理引导民间资本投资,切实做好创投机构的增值服务;必须积极探索建立母基金,建立基金的增信机制,提高基金信誉,充分吸纳大量的民间资本,不断完善股权投资的配套措施,大力发展多层次资本市场,畅通股权投资的退出渠道;全面推进企业上市,支持上市公司做大做强,增强可持续发展能力,完善和壮大股权运营中心,为非上市公司提供产权流通平台,便利股权投资基金的退出;充分培育市政融资平台,满足多层次发债主体的融资需求,大力发展投资基金中介服务机构,尝试设立中小企业信用保证金,帮助大量中小企业解决融资难问题。

3.加快利率市场化步伐

利率市场化是国家"十二五"发展规划中的重点,是我国整体推进市场化改革的组成部分。温州作为我国金融最活跃的地区之一,具有雄厚的资本实力,早在 20 世纪 80 年代就已先于全国步伐,"自下而上"地摸索进行民间利率市场化改革,并积累了丰富的经验。在现行框架内,温州已实际形成了商会、小额贷款公司、农村互助社等多种类型的市场化利率主体,它们在长期竞争中都形成了较强的自主定价能力。同时,温州民众与企业亦善于争取和把握金融服务选择权,实际默认并接受了利率市场化成果,形成了一个相对公平的市场竞争环境。温州民间市场化主体在具体业务中也逐渐形成了其特有的抗风险机制,逐步加强了自身以及整个温州地区的抗风险能力,试点改革的风险易控性远远高于全国同时改革以及在其他地区试点改革。

利率市场化对于温州自身而言,是金融改革的重要组成部分,是利率管理体制变革的必然趋势。利率作为资金的价格,在市场竞争中自由定价,可以灵敏地反映资本市场供给和需求的关系,能使利率通过市场机制作用自动趋于平衡,有利于金融市场外的大量资金转向正规的金融中介和金融市场,促进金融市场一体化,满足投资者的资金需求,有助于投资的扩大化。为了加快温州利率市场化试点改革的步伐,为有序推进全国利率市场化改革提供有益的经验,必须进一步深化利率形成机制改革,切实完善利率的内生形成机制,充分发挥市场在决定利率形成中的作用。积极推进资金市场联动机制创新,拓宽官方利率体系和民间利率系统间的融通渠道,大力发展短期拆借市场,逐步改变双重利率市场体系间的分割状态,增强正规金融体系的金融动员和控制能力,引导民间资本的规范发展。积极探索双重利率体系桥联模式创新,提升正规金融机构的竞争能力,规范发展民间借贷组织的经济活动,促进双重利率系统的协调发展,扩大中小企业可贷资金来源,推动经济转型升级。

第二节　温州地方金融创新发展的路径

为满足温州经济社会转型发展、中小企业转型升级和投资创新的金融需求,有效解决金融与经济发展不协调的问题,在紧紧把握温州经济社会发展中金融需求和工作重点的同时,必须进一步解放思想,勇于创新、敢于先试先行,着力在小额贷款公司可持续发展、民间资本管理服务合作社试点、股权投资发展、利率市场化试点四个方面规划创新发展路径,取得突破,以充分发挥温州金融综合改革试验区的先发优势。

一、加快推进小额贷款公司创新发展

在两年多的发展过程中,温州小额贷款公司面临的最大难题是后续资金不足,致使其可持续发展受制。积极探索政策与制度创新,适当放宽小额贷款公司转制为村镇银行的条件,拓展资金筹措渠道,已成为现实中亟待解决的问题。

1. 积极开展小额贷款公司资金融通制度创新

本着积极稳妥、有序推进的原则,开展融资比例、融资渠道、业务创新、准入对象等方面的先行先试,有效开辟小额贷款公司后续资金来源渠道。

——利用政府信用平台拓宽资金来源。积极争取农业发展银行、国家开发银行等大型金融机构向温州的小额贷款公司发放委托贷款、批发资金等,将小额贷款公司所掌握的贷款需求信息与大型金融机构所拥有的资金对接。争取赋予小额贷款公司向中国人民银行申请支农再贷款的资格,享受与农村金融机构类似的待遇。

——探索向资本市场募集资金。选择符合条件的小额贷款公司,积极尝试通过国内外创业板进行市场融资,探索小额贷款公司通过申报发行企业债和中期票据等方式从社会融资。积极争取市内的小额贷款公司组成联合体,发行集合债券,增加直接融资规模。

——逐步放开小额贷款公司从银行融入资金的限制。对于效益好、经营规范的小额贷款公司应逐步提高银行融资比例,近期内可将该比例从 50% 提高到 100%,总结经验后再提高至 200%。此外,还应积极搭建小额贷款公司和商业银行合作平台,支持资产转让、组合贷款、票据业务等业务试点;允许省年度考评为标兵称号的小额贷款公司可融资的金融机构数量从 2 家增至 4 家;允许小额贷款公司以股东的股权抵押向银行融资等。

——允许质地优良的小额贷款公司开展股东内部融资。在小额贷款公司的股东满足资产负债率低、信用状况优良等条件的情况下，经相关主管部门审查、履行必要手续后，可允许小额贷款公司吸纳股东三个月以上期限的自有资金用作放贷资金。积极探索在账户托管的情况下，开展股东资金委托小额贷款公司操作的委托贷款业务。

2. 探索开展小额贷款公司转制为新型村镇银行试点

温州民间资本规模庞大，同时微小企业融资难的矛盾十分突出。而从传统产业发家的温州民营企业主低调而务实，在长期的市场导向和基于严格的效益—风险观念的经营过程中形成了良好的风险意识和审慎的作风。并且温州当地的金融生态环境优良，信贷资产质量甚佳。在这种特定的经济金融环境中，政府及金融管理部门宜适当放宽小额贷款公司转制为村镇银行的限制，积极探索以民营企业为主发起人和最大股东的小额贷款公司转制为村镇银行试点，使一部分小额贷款公司从主要运用资本金和借入款等专门提供小额信贷服务的商业性机构转变为正式的金融机构，使小额信贷由"只贷不存"、资金流通缓慢的状态转变为"可贷可存"、业务量出现乘数效应的新形态，以有效弥补原村镇银行覆盖面小所形成的空白，推动形成多层次、广覆盖、可持续、互补性强的农村金融组织体系和差异化、竞争性的金融服务体系。

二、推进民间资本规范运行

民间借贷活动的存在发展是在市场经济广泛渗透的情形下，对金融组织单一性与经济结构多元化、市场化发展之间强烈反差的一种适应性的民间自发创造，是政府管制下正式金融制度安排供给不足所致的产物，其进一步发展需要围绕民间借贷发展逐步走向规范化的目标。鉴于温州活跃的民间借贷及雄厚的民间资本，应大力探索民间资本管理服务合作社等创新组织,将其作为制度创新的重要选择方向,加快开展引导和规范民间融资的工作,争取在国内率先建立起一个合法的、活跃的民间金融规范发展示范区,以在促进弥补农村金融供给不足的同时,有效推进全国民间借贷阳光化运作,加强民间资本的有序投资与管理。

1.试点民间资本管理服务合作社

民间资本管理服务合作社为按照"资金自聚、风险自担、封闭经营、自主操作、利益共享"的原则,经批准在一定区域范围内由自然人、企业法人或其他组织合伙组成的普通合伙企业。业务范围限定在一定区域内的资本投资咨询、资本管理、项目投资等服务。

民间资本管理服务合作社的合伙协议及主要管理制度须由全体合伙人协商、一致通过,并且全体合伙人按照合伙协议规定享有权利、履行业务。按照合伙协议的约定或经全体合伙人决定委托产生执行事务合伙人,并聘任合伙人或合伙人以外的人担任合作社的经营管理负责人,全面负责日常服务管理工作。民间资本管理服务合作社以合伙人所出资金、投资资金等作为主要资金来源,也可接受社会捐赠和其他补助资金。资金主要用于对合伙人的项目进行投资,但接受捐赠和其他补助的资金须优先用于补充风险金,在风险金充足的情况下,可专项用于对农户和种养殖业等弱势合伙人的项目进行投资。民间资本管理服务合作社不得进行任何形式的非法集资,不得非法吸收或变相吸收公众资金,不得对非合伙人项目进行投资。自合作社成立之日起两年内,或入伙时间不足两年的,合伙人所出资金不得收回。合伙人增加投资额获得的投资回报,参照国务院关于存款利息所得暂免征收个人所得税的规定,免征个人所得税。

民间资本管理服务合作社试点工作采取在各县(市、区)有条件、分步骤推进的方式,按照"市政府统一领导、县级政府具体组织实施"

的工作思路进行。试点初期,原则上在 2~4 个已设立金融办的县(市、区),选择有一定规模经济辐射效应的乡(镇)或行政村开展。民间资本管理服务合作社的注册资本下限一般不低于 500 万元,试点期间注册资本上限一般不超过 1 亿元,单个自然人、企业法人入伙合作社的出资数额不得超过注册资本的 10%。由县(市、区)金融办作为民间资本管理服务合作社的业务主管部门,承担日常监管的职能。

为控制风险,应考虑在一个乡(镇)或行政村范围内成立民间资本管理服务合作社,严格限定其不得在核定的乡(镇)或行政村区域外从事经营活动。同时要求入伙的企业法人注册地或主要营业场所、自然人户口所在地或经常居住地必须在合作社所在乡(镇)或行政村内。

2.探索设立民间借贷登记服务中心

为克服民间借贷市场无组织性和分散性的特点,借鉴美国等发达国家发展非正式金融的做法,鼓励公证机构和律师事务所开展民间借贷合同公证、民事纠纷法律咨询、代拟民间借贷合同等业务,为民间借贷提供法律中介服务;积极建立会员制,或在工商部门注册产权明晰、独立从事活动的金融咨询服务中介机构。

考虑到温州各地区民间金融运行状况,可率先在瑞安等地先行开展民间借贷登记服务中心试点。民间借贷登记服务中心吸引民间资金供求双方和担保、投资咨询、公证、评估、登记以及法律咨询机构等各类中介机构和个体经纪人进场,由中介机构和个体经纪人为民间资金供求双方提供除"吸存—放贷"以外的信息汇集和发布、交易撮合、担保、公证、评估、登记、法律咨询等中介服务,促进民间资金供求双方在更大范围内达成直接交易。

民间借贷登记服务中心为民间资金供求双方和担保公司等中介机构和个体经纪人提供必要的交易场所,并负有维护市场正常交易秩序的义务,吸引市场各方进场交易,为民间资金交易公开化、规范化和非人格化搭建一个合法的平台。

3.试点培养非银行放贷人

为丰富信贷市场层次,让民间借贷浮出水面、尽可能阳光化运作,应争取试点允许个人注册从事放贷业务,以利于小企业和自然人通过正常的司法途径,保护自身的合法权益,借助合法的金融工具,加快资金周转,逐步将民间金融纳入正规化的监管范围,使其在促进小企业多元化、多渠道融资方面更多地发挥积极的作用。

三、股权投资的创新发展

股权投资是地方金融发展中一种重要的直接融资方式。通过入股投资,可以满足企业不同成长阶段的融资需求;通过参与管理,对企业发展战略、组织架构、管理团队、业务流程等方面进行调整改善,帮助企业降低风险、提高价值;通过集聚配置、专家管理,帮助民间资本拥有者实现从"企业家"到"战略投资者"的角色转变。由此可见,发展股权投资对解决温州当前的经济金融问题,促进温州经济社会转型发展意义重大。

1.着力构建"引导基金＋本地创投＋民间资本＋知名创投"运营模式

(1)建立功能互补的引导基金

为加快转型升级步伐,发挥政府资金的杠杆和引导作用,温州市人民政府应建立配合经济转型发展的政府引导基金:创业投资引导基金、并购重组引导基金和股权投资引导基金。在建立三个基金的同时,推动温州形成以其为中心的基金集聚区,实现金融带动城市发展战略。

——创业投资引导基金。市政府可以利用新设的开发区"政府创业投资引导基金",在开发区形成以创业投资引导基金为核心的创业投资基金集聚区。创业投资引导基金应大力扶持中小科技创新企业的发展；重点投资于新能源、高新技术产业；强化对初创企业和创业企业的早期投资。

——并购重组引导基金。在乐清构建以并购重组引导基金为核心，通过建立、合资和合作等形式形成多种产业投资基金聚集的产业投资集聚区。并购重组引导基金主要培育龙头企业和具有核心竞争力的国际性产业集群；对于具有专业化优势与发展潜力的产业集群，利用并购重组引导基金促使其积极融入国际性产业集群或挤入跨国公司全球制造体系，成为国际性产业集群的重要组成部分；针对传统产业，鼓励企业进行重新组合，做大做强。

——股权投资引导基金。股权投资引导基金的作用体现在：联合温州对外投资联盟，改变温州以前分散投资、缺乏专家管理的局面；建立母基金管理平台；构建基金产业链，增强创投基金的增值服务。利用滨江区正在建设成为温州新"金融中心"的契机，该引导基金不仅要发挥资金的引导作用，还应协助温州市人民政府完成将滨江区打造成为温州财富管理中心的目标。

（2）做好引导基金的连接作用

各引导基金可以通过新建、合作、入股、合资等形式与本地创投企业合作，积极引进国内外知名创投，搭建更多类似于温州人股权基金的"引导基金＋本地创投＋民间资本＋知名创投"的合作模式。

另外，加强引导基金与银行、担保、信托、保险、创投等机构的长期合作，强化投贷合作。可借鉴苏州工业园区"孵化器—创投—产业基金"模式，加强资金链的整合，根据企业不同发展阶段的不同融资需求，安排不同阶段的投贷组合，在引导基金在跟投和入股投资的同时，要充分鼓励银行、创投基金以及并购基金等为处于不同发展阶段的企业提供融资服务。

2.组建母基金

"引导基金＋本地创投＋民间资本＋知名创投"的模式虽然可以

发挥集中民间资本的作用,不过,由于缺乏持续性,无法满足长期的融资和投资需要。为此,市政府可以考虑筹建母基金,母基金不仅可以募集更多的民间资本,减少一般投资者对创投企业家的干预,更为重要的是,可以持续性地作为一种基金的基金存在,从事创业投资、股权投资、企业兼并重组投资和基础设施投资等实业投资。母基金先期可由政府股权投资引导基金投入一定比例的资金,然后寻找国内外知名基金管理人进行管理运作,以吸纳温州民间资本为主,鼓励国内外创投机构的投资。

(1)基金的募集与规模

母基金可以尝试通过信托公司设立集合信托,然后以信托财产作为合格出资人加入有限合伙的股权基金,也可以民事信托的方式加入。这样在一定程度上可以绕开出资者人数限制,达到分散股权、吸引大量中小资本的目的。母基金规模应该不少于 90 亿元,可分三期募集,为有利于引导温州民间资本投资,可考虑将三期基金分别投资于不同的方向,通过方向的分类,不仅有利于基金本身风险的判定和定价;更有利于投资者进行选择,吸引不同类型投资者的加入。

(2)基金的机制设计

为保证基金团队的激励与约束,可以考虑对基金进行一些机制设计。第一,激励机制。由于股权投资不同于其他投资,存在很大不确定性,因此其考核需要业绩的积累,不能仅基于一个项目的成败简单作出。也就是说,对团队的考核需要一个较长的时间。为保证出资者的资金安全,约束管理团队的道德风险,可以在合约中设计一套激励机制,激励基金管理团队。第二,增信机制。按照国际标准,建立和形成风险投资基金与经理人的信用评估和绩效体系,为投资基金提供增值服务,使创投资金向优秀经理人集中。第三,投资回收年限。为避免投资回收年限太长的问题,针对投资于创投基金的投资,母基金可以通过自身的影响(或者由政府出面主导),在子基金之间及其与其他基金之间建立一种接力式的投资补偿机制。投资补偿机制的存在不仅有利于创投资本的退出,而且有利于形成一种良性的循环投资机制,缩短基金在一个项目中的投资回收年限。

3.探索市政融资渠道

2010 年 4 月 20 日,自银监会对地方融资信贷渠道规模暴涨发出风险警示后,《国务院关于加强地方政府融资平台公司管理有关问题的通知》(国发〔2010〕19 号)和国家财政部、发改委、人民银行、银监会四部门联合下发的《关于贯彻〈国务院关于加强地方政府融资平台公司管理有关问题的通知〉相关事项的通知》(财预〔2010〕412 号)相继出台。在这样的政策背景下,正确合理地探索温州市人民政府的市政融资途径显得尤为重要。

(1)融资方式

在我国当前的法律框架下,市政建设融资主要可以通过债券和信托两种方式进行。

就发行债券而言,由于《预算法》规定地方政府不能自主发行债券,因此,我国并没有真正的市政债券,主要是通过两种变通方式发行:一是地方政府组建的投融资平台公司发行的债券,即城投债;二是由财政部代理地方政府发行然后再转贷给地方政府使用的"再转债"。这两种方式发行的债券在一定意义上都具有市政债券的性质,是我国的准市政债券。

市政发行信托主要有两种渠道:一是信托公司自有渠道发行集合理财类信托产品;二是银信类城投产品。信托融资可以通过贷款或者股权等形式注入城投开发公司。

(2)各种融资方式比较

以上四种不同的融资方式,在发行成本、规模、难易等方面存在差异。

第一,就发行难易而言,债券门槛明显比信托要高,尤其是"再转债"，在资金分配上，还具有明显的政策导向性，主要偏向于中西部不发达地区。城投债的问题主要出在担保上，根据国发〔2010〕19号和财预〔2010〕412号文，以地方财政作为担保来帮助地方融资平台融资已在明令禁止之列。要成功发行城投债，必须满足三个条件：一是城投类企业发债募集资金所投向的基建项目，最好签订应收账款等比较安全的担保协议；二是发债主体评级必须达到 AA⁻ 以上，债项评级在 AA⁺ 以上；三是不涉及互保、连环保。当前，银信类城投信托产品，不仅要总行批复同意，还要先到银监会备案报批，难度也有所增加。

第二，就发行期限与规模而言，"再转债"一般多为三年期债券，与城镇基础设施建设周期较长不匹配，且规模有限，无法满足地方融资需求；城投债期限可高于"再转债"，但也有额度限制；城投类信托产品期限在 3～5 年，比城投债更短①，信托公司自有渠道发行集合理财类信托产品，产品规模基本不超过 2 亿元，且最低认购额度在 100 万元以上；银信类城投产品，规模通常超过 10 亿元，通过银行渠道发行，最低认购额度只有 1 万～5 万元。

第三，就发行成本而言，信托类要高于债券类。对信托公司而言，发行城投类信托产品无疑是新的"创收源"。据悉，信托公司替一家城投公司发行信托产品，一般会收取 1％～2％ 的财务顾问佣金与 1％～2％ 的信托产品发行佣金，规模若超过 10 亿元，也能收到 3％ 的综合费用。

四、温州地区利率市场化改革：架构"双轨制"利率体系

在经过三十余年的利率市场化试点改革后，温州形成了独具特色的利率体系：以官方利率体系为核心，以民间利率系统为重要补充的双重利率市场。其中官方利率实行在中央银行领导下的有管理的

---

① 采用股权方式投资政府市政开发公司的信托融资计划，可能不受期限的限制。

浮动利率制,民间利率系统中行政干预相对较少,主要集中在贷款利率的上限限制①。与利率双重结构相对应的是两类功能互补的金融机构:官方利率体系对应正规金融体系,主要由中央银行,国有控股商业银行,股份制银行,城商行,农村商业银行、农村合作银行、农村信用社(简称"农行社",下同)等构成;民间利率系统对应新型金融组织和其他民间借贷主体,前者主要是由小额贷款公司、村镇银行等构成,后者包括了民间合会、社会借贷、私人钱庄等。央行基准利率作为货币市场信号和标准,对民间借贷市场形成了极强的导向性作用,其走势和预期极大地影响着民间利率走向,并有力地引导资金在正规、非正规两大金融市场间流动。

基于三十多年温州利率市场化改革发展经验,如何进一步打通双重利率市场,构建"双轨制"利率体系,使仍存在高度管制的正规金融机构利率与较为市场化的新型金融组织和民间借贷利率形成良性互动,增加正规金融系统的金融动员能力,引导民间金融规范发展,促进温州地区经济金融保持良性循环与健康发展,是目前温州地区金融试点改革的当务之急,其关键在于有效破解以下三大难题。

第一,以银行机构利率改革为着力点。银行机构由于其正规性与官方性,在市场化改革中起到重要的示范与引领作用。同时,只有理顺银行系统利率的形成与传导机制,形成合理稳定的货币基础市场之后,深化改革才有可能。

第二,以新型金融组织利率改革为突破点。新型金融组织是民间资金市场中已经正规化的部分,具有合法的地位,是利率市场化改革的

---

① 《最高人民法院关于人民法院审理借贷案件的若干意见》第 6 条规定:"民间借贷的利率可以适当高于银行的利率,各地人民法院可根据本地区的实际情况具体掌握,但最高不得超过银行同类贷款利率的 4 倍(包含利率本数)。超出此限度的,超出部分的利息不予保护。"值得说明的是:目前正规金融机构贷款利率波动空间较大,但存款利率有严格管制,正规的利率体系与利率市场化要求相距甚远。

重点。有步骤、有差别地逐步推进该部分资金定价改革,使其作为银行机构的补充与辅助,发挥银行系统以外的资金供给与调节作用。

第三,以民间借贷市场利率改革为攻坚点。民间借贷市场目前尚未纳入统筹调控范围,而这部分市场也是温州地区深化改革的突破口。妥善处理并积极引导民间借贷市场,将有效的监测手段纳入其中,对进一步合理化资源配置、推动温州经济转型升级、提升整体经济绩效水平都具有重要意义。

1. 设定匹配的定价基础

(1)确定以加权再贴现率和同业拆借率作为银行利率参考基准

在目前的基准利率篮子中较为匹配的是再贴现率与同业拆借利率。前者是一种具有较强导向性的法定利率,是中央银行间接调控金融市场的有效政策工具;由于同业拆借市场目前已实现资金批发市场的市场化,因而后者是最符合基准利率标准的货币市场利率。在确定温州利率水平时,必须以这两种基准利率的加权值作为利率定价核。

(2)根据期限和风险结构分别确定存贷款利率水平

根据对经济走势的合理预期,在利率定价核的基础上,按期限赋予级数关系的溢价因子。贷款业务原则上实行由借贷双方商定的定价机制,央行可形成一套具有示范与窗口指导意义的利率标准,对自行商定的双方形成引导与警示作用。具体的标准形成机制,是在温州地区基础利率核的基础上,根据各项贷款的风险系数确定溢价率。

(3)按市场货币供求信号确定利率浮动幅度

将上海银行间同业拆放利率(Shanghai Interbank Offered Rate, Shibor)的波动影响以一定形式纳入利率形成系统中,作为确定温州地区利率浮动水平与浮动频度调整的依据。

2.创设资金市场联动机制

(1)建立新型金融组织资金短期拆借机制

引导新型金融组织以抱团的形式进入银行间同业拆借市场,参与短期资金头寸调剂。明确合格金融组织的硬约束条件。央行根据民间金融组织提交的拆借市场资格申请书,依据审慎性原则赋予入场操作的资格,并对交易采取严格的监测制度,严惩违法违规行为。

(2)探索打造温州资金批发新市场

由央行与温州地区金融管理部门牵头,初步建立温州地区信贷资产转让与回购市场(图 1-1),指导新型金融组织与温州地区银行机构之间进行信贷资产的短期转让与回购,形成资金批发新市场。鼓励新型金融组织"抱团"形成相互担保机制,从而提高自身能力与获得入场资格的可能性。

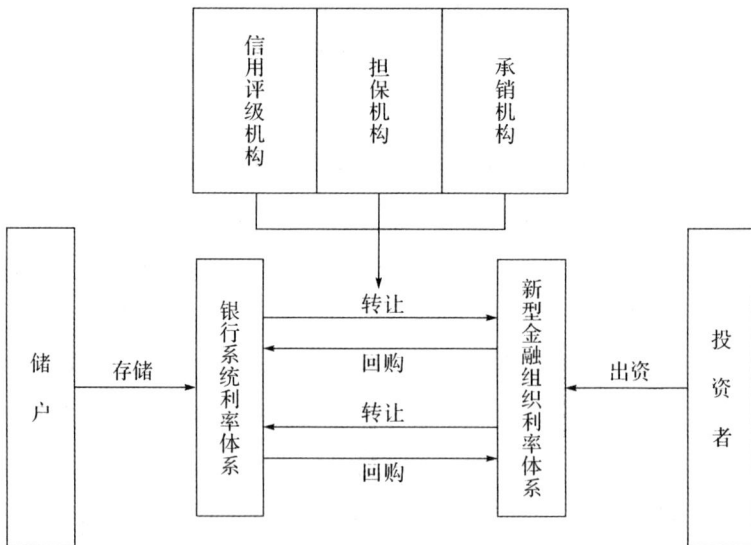

图 1-1 二元利率体系间信贷资产转让回购机制

3.架构利率体系桥连系统

(1)划清部门职责,畅通桥连机制构划

建立一套适应温州金融特性并与外部环境相互影响、相互作用的动态平衡系统,实现各项金融制度的耦合,将民间利率系统纳入政府监管中,通过统一利率市场调控,引导民间利率市场同官方利率市场协调发展,形成温州可持续发展的市场化利率体系(图 1-2),为全面推进我国利率改革提供经验与参考。

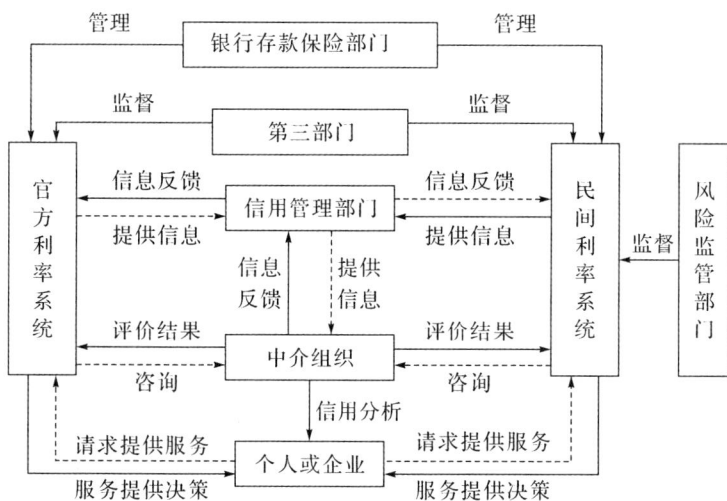

图 1-2　利率体系桥连模式

(2)提升正规金融机构竞争能力

加强正规金融机构对中小企业的信贷服务能力,缩小服务的空白区。从商业银行的自主定价权的提升入手,逐步提升其竞争力与信贷服务能力。拓宽正规金融机构的盈利渠道,满足企业规模化对金融服务质量与多样化的需求。通过设立社区银行,全面渗透官方利率的影响。

(3)规范民间借贷组织的经济活动

对民间利率系统实行结构化分类管理。鼓励资本规模大的非正规金融机构参股正规金融机构,变间接投资为直接投资,对以合理方式让渡资金使用权的非正规金融机构给予合法地位。加强民间利率系统的风险监管,且在监管过程中,要始终以资金价格即利率为着眼点和风向标,通过间接手段引导民间金融活动的有序发展。

在着力推进上述四大领域创新发展的同时,还必须把握当前农村合作金融机构新一轮改革的机遇,积极推进温州地区农行社股份制改革,努力实现农村合作金融机构由地方性金融机构向区域性金融机构跨越,由传统金融机构向创新型金融机构跨越。2011 年以市区 1~2 家农村合作银行为试点,通过增资扩股改制为农村商业银行,"十二五"期间完成全市农村合作金融机构全部改制为股份制农村商业银行的目标。市区农村合作金融发展提速、质量提升、能级提升,成为资本充足、内控严密、运营安全、服务优质、效益良好、具有创新能力和竞争能力的现代股份制农村商业银行,为温州城市化、农业产业化和现代化建设提供强有力的金融支持;县城农村合作金融机构"下沉",增强服务城镇化、服务"三农"和支持微小企业的功能。

第三节　温州地方金融创新发展的重大举措

为有效推进小额贷款公司、民间资本管理服务合作社、股权投资、利率市场化等四大领域的创新发展,努力实现把温州建设成为服务民营经济的重要区域金融中心、民间资本集散中心、金融创新试验区和民间金融规范发展示范区,亟须着力做实做优金融集聚区,大力推进小微金融监管与服务平台建设,进一步完善金融创新及推广机制建设和强化人才队伍建设等支撑工程。

一、着力推进金融集聚区建设

鉴于温州经济金融发展特点和不同类别金融产业空间集聚的一般规律和区位特征,迫切需要打造金融总部商务区、金融产业集聚区、金融后台服务业集聚区,为各功能区提供优惠的政策支持,完善和提高配套功能,营造一流的发展环境,把温州打造成为连接两大经济区、服务民营经济的重要区域性专业金融中心。从而发挥温州民间资本规模优势和民营经济示范区的体制优势,凸显其在民营企业投融资方面的先行示范作用。

——金融总部商务区。大力推进滨江商务区CBD核心金融功能区建设,着力建设金融中心管理大楼、国际投资大楼、融资担保大楼、股权投资基金大楼等,并同步推进基础配套设施建设,完善商务环境,实现金融要素集聚,主要吸引金融法人机构、市级金融机构、监管部门、全国性或区域性总部以及国内外有较大影响的信用评级、资产评估、融资担保、投资咨询、会计审计、法律服务等与金融相关的中介服务机构的总部或区域总部和分支机构入驻,打造机构密集、功能完善的金融总部集聚区。

——金融产业集聚区。站前大道及周边地区,充分发挥现有金融机构密度高、种类全等区位优势,结合本区块人流量密集、商业发达的特点,对既有业态进行整合提升,主要吸引金融分支机构、营运前台入驻,重点发展金融市场,进一步做大做强零售型金融服务产业,形成金融机构密集、要素市场完备、集散功能强大的金融机构和市场集聚区。

——金融后台服务业集聚区。滨江商务区是温州最具现代化特色、最有商业气息、最适宜人居的城市功能区,须规划建设便利的交通网络和完善的基础设施。借助滨江商务区优越的设施及密集的各类金融机构,可在其内部打造金融后台服务业集聚区,在致力于服务本地小微金融组织的同时,着力引进国内外金融机构的各类数据中心、资金清算中心、银行卡中心、研发中心、灾备中心、呼叫中心、单证中心等后台服务机构,形成以金融后台服务、金融创新服务、金融信息服务、金融衍生服务为主的金融后台集聚区。

二、着力推进小微金融监管与服务平台建设

小额贷款公司、典当企业、担保公司等小型金融组织在金融管理、信息渠道、人才储备和风险控制等方面存在一系列明显的不足,客观上迫切需要构建小微金融监管与公共服务平台,为其提供高质量、标准化的公共服务与监管。

——小微金融监管平台。探索地方政府监管农村小型和准金融机构的模式,并逐步整合监管权力,实施功能型统一监管,打造彰显地方特色的小微金融监管平台。通过这一平台,加强对小微金融组织资产与财务的动态监测,诊察其内部组织、财务结构及业务经营等是否超越警戒范围,及时掌握其营运状况与动态,及时发现和识别各类潜在风险及其变动趋势,在其经营持续恶化的早期发出警报或信号。明确小额贷款公司、典当行、融资性担保等机构的金融属性,整合现行分散于商务、工商、小企业工作部门等多个机构的监管权力,实施归口统一监管。根据形势和任务需要,适时调整充实温州市金融办的工作力量,由其负责对全市农村小型和准金融机构的统一监管。通过统一监管,以促进统筹规划,解决不同管辖权下金融组织之间的不公平竞争问题,减少多个监管者并存所带来的各种摩擦性内耗,有效落实监管责任,避免监管真空或架空,保障地方金融业运行的安全稳定。

——小微金融公共服务平台。温州是率先启动小额贷款公司试点的城市之一,也是信用担保公司、典当公司等小型金融组织分布最密集、运营最活跃的地区之一。作为商业银行和农村合作金融的重

要补充,在支持城乡居民创业、引导民间资本、服务中小企业与民营经济等方面发挥了积极作用,但在金融管理、运营成本、信息渠道、人才储备和风险控制等方面也存在一系列明显的不足。因此,亟须构建综合性的小微金融公共服务平台,为规范分布于县域和农村的小型金融组织提供高质量、标准化的公共服务。小微金融公共服务平台的建设,应由市政府牵头,全市统一规划实施。短期内,使平台具备信息汇总处理、数据资源共享、征信查询、业务监管等基本功能;中长期,把平台建设成为集信息交流、流程管理、业务监管、风险互助、风险控制、融资服务、产品研发等功能于一体的开放性、综合性公共服务平台。小微金融公共服务平台的建设,可以小额贷款公司公共服务平台建设为切入点,开发服务于小额贷款公司公共服务和监管需求的相关功能,并实现功能的模块化。在此基础上,逐步增加担保业、典当业等小型金融组织的功能模块,最终构建起小微金融公共服务平台。

——小微金融主体市场退出服务机制。"优胜劣汰"是市场竞争的核心所在,通过市场退出机制及时将无效率的、不具备市场竞争力的小微金融组织和放贷人淘汰出金融市场,可以避免风险的不断累积和蔓延。基于上述平台的监管网络和社会监督机制,对民间资本管理服务合作社、小额贷款公司、放贷人等小微金融主体加强动态监控,重点关注非法集资和非法吸收公众存款、高利贷、金融诈骗、非法外汇交易等金融违法行为。尽快根据不同行业制定具有系统性、可操作性的市场评价和退出考评指标体系,以实现市场退出的一致性与公平性。

三、大力加强金融创新及推广机制建设

地方金融的创新发展关键取决于金融创新能力及相应的推广机制活力,具体而言,主要体现在基于温州本地经济特色的金融产品、金融服务和金融制度创新能力。因此,应把推动金融创新作为全市

金融业发展的突破口,实现由传统金融业向现代金融业的转变。

——加强研发,促进金融产品和金融机构创新。鼓励金融机构根据温州本地的经济特色,积极进行金融产品和金融服务创新。制定相关优惠政策,鼓励金融机构开发适合中小企业和农户需求的金融产品。同时积极引入现代企业制度,为金融产品创新提供服务市场。促进金融机构内部功能创新及转型,核心功能从传统的融资中介向财富管理升级。同时推进金融机构之间、金融机构与金融中介机构之间的合作,拓宽中间业务的服务范围,提升金融机构的服务水平。

——加强对金融创新产品的认证和宣传。建立完善的客户沟通机制,深入了解客户需求,依据需求设计产品,推动创新主导权向市场主体的转移。完善现有的法律法规,健全知识产权保护体系,保护创新成果。组织建立专家团队,制定金融产品的认证标准,引导创新产品通过认证,从而为产品推广奠定坚实基础。加大已通过认证产品的宣传力度,制订推广计划,并进行市场跟踪研究,跟进后续服务。

——加强金融创新市场化的制度环境建设。营造良好的金融创新的制度环境和市场环境,借鉴发达市场的经验,结合温州本地的实际情况,通过市场手段对金融创新行为进行合理引导和有效监管,对新产品和新服务采取灵活鼓励的方针。一方面,放松金融管制,给予金融机构更大的自主创新空间;另一方面,加强执法监督,对金融机构的违法违规行为进行监督管理,防范系统性风险。

四、大力开展金融人才队伍建设

树立人力资源是金融业第一资源的理念,大力推进金融人才建设,健全金融人才的引进、培养和使用机制。创新金融人才引进政策和模式,大力引进各类金融高端人才服务于浙江金融业;完善金融人才培养机制,大力开展系统性、国际化的金融管理和专业人才培训;强化金融人才使用机制、激励机制、配套服务机制,吸引高层次金融人才落户温州。

——强化金融人才引进政策。一是加大各层次金融人才的引进力度,提高金融人才的国际化水平,加强同长三角地区的人才交流合作,建立科学合理的引进人才考核评价机制、激励机制和金融人才成长机制;二是制订人才储备计划,大力引进高层次、高素质的金融理论研究人才,引进熟悉高端金融工具和金融创新技术、熟悉金融资源整合和金融资本运作等方面的专业人才;三是聘请国内外高水平的金融专家组成金融专家咨询委员会,研究金融业发展的重大问题,为市政府决策和金融机构发展提供咨询;四是设立金融人才发展专项资金,用于金融人才生活、工作等方面的优惠待遇以及金融人才的培养和激励。

——加强金融创新人才培养和推进应用型人才本地化。市政府联合高等院校、科研机构以及金融机构,共同组建了温州金融创新研究院和应用型金融人才培训中心等金融科研和培训机构,以提高金融服务业自主研发与创新能力,形成金融人力资源开发的长效机制。一方面,通过温州金融创新研究院和应用型金融人才培训中心组织、支持金融从业人员在职培训和轮训,形成机制化的在职人才培训形式,为本地区就业人员提供在职培训和继续教育;另一方面,借助温州金融创新研究院和应用型金融人才培训中心实行"政、企、校"合作的后备人才培养计划,保证温州金融业发展的人才储备和增量供给,为温州金融业发展输送具有前瞻性的实用型人才。

第四节 温州地方金融发展的政策支撑

健全财政扶持政策、完善税收优惠制度、强化风险保障机制、提升政府服务水平,是实现温州农村金融组织创新发展、引导温州民间资本规范运作、促进温州直接投资创新成长、助推温州利率市场化改革的基本保障。

一、促进温州农村金融组织创新发展的政策支撑

通过一系列制度及政策安排,做活、做强中小金融产业,实现温州农村金融组织的跨越式发展。地方金融机构发展的重心应该主要是服务"三农"及中小企业,这需要政府进一步加大政策扶持力度。

1. 完善财政税收补偿机制

(1)降低小额贷款公司的营业税,建议小额贷款公司、村镇银行等农村金融机构的所得税三年内减半征收。农村金融机构在支持涉农贷款及中小企业贷款金额达到一定比例的,地方所得税给予返还。在实际操作中可以明确返还所得税的区域和企业。(2)落实农村金融机构定向费用补贴政策。对实现上年末贷款余额同比增长的,地方财政按照上年末贷款余额的一定比例给予补贴,纳入金融机构当年收入核算,以增强机构经营发展和风险拨备能力,促进新型农村金融机构持续健康发展。(3)提高金融企业涉农贷款和中小企业贷款损失专项准备金税前扣除政策,允许计提贷款损失专项准备金的比例提升到50%～100%,发生符合条件的涉农贷款和中小企业贷款损失,应先冲减已在税前扣除的贷款损失准备金,不足冲减部分可据实在计算应纳税所得额时扣除。同时把小额贷款公司税前呆账准备金的比例提高到3%,以提高其抗风险能力。(4)减免农村金融机构开办涉农业务的营业税,降低金融机构涉农业务成本,并明确作为长期不变的政策,引导、鼓励和稳定金融机构积极主动地开展涉农业务。(5)申请将县级及县级以下的农村金融机构所得税划为地方税,以增强地方政府扶持农村金融机构的自主权。申请返还在温金融机构分支机构缴纳至省财政的营业税和所得税部分,以增强温州地方政府抵抗金融风险的能力。

2.健全金融政策倾斜机制

(1)赋予小额贷款公司向中国人民银行申请支农再贷款的资格，享受与农村金融机构类似待遇；争取放宽或取消小额贷款公司从商业银行获得贷款的额度。(2)建议由央行与地方政府联合考核，允许风险控制出色、服务微小企业和"三农"的小额贷款公司捆绑起来，进入银行间拆借市场，发行短期与中期票据，发行捆绑债券，使得货币市场充足的流动性通过农村小型金融机构流向微小企业。建议政府与审批机关沟通，增加小额贷款公司的经营范围，允许小额贷款公司开办票据贴现、资产转让、委托贷款等低风险业务。(3)对农村金融机构实行固定的、优惠的存款准备金制度，以增加农村金融机构可用资金量。(4)对农村金融机构实行高于其他商业银行5个百分点的存贷款比例的政策，以加大其为"三农"及中小企业服务的信贷投放量。(5)建立政府重大投资项目的信贷与中小企业信贷挂钩的机制，鼓励地方金融支持中小企业的资金需求。

二、引导温州民间资本规范运作的政策支撑

为规范民间资本的有序投资和管理，促进温州民间资本健康合理有序流动，积极发展新型民间资本管理服务组织，有必要强化政策的引导作用。

1.以升级激励引导民间资本的正规化

(1)建立对依法合规经营、对地方经济建设贡献较突出的民间资本机构进行转型升级的激励机制。鼓励对现有机构的重组和整合，在依法合规经营、没有不良信用记录以及股东自愿的基础上，对非融资性担保公司可引导其组建融资性担保公司，对寄售行、旧物调剂行等机构可引导其向典当行或融资性担保公司等正规机构转型。(2)对有意愿参与村镇银行、小额贷款公司、农村合作金融机构等正规机

构的设立和经营的资本运作服务机构,在同等条件下,优先给予推荐和引导。

2.以财税扶持引导民间资本的阳光化

(1)对非融资性担保机构、寄售行、旧物调剂行等民间资本运作服务机构,可以参照农村新型金融组织的财政扶持和税收优惠政策,三年内对依法合规经营、对地方经济建设贡献突出、服务"三农"和小企业作用较突出的机构,由当地县(市、区)政府视情况给予适当补助奖励,其当年所缴纳的各项税费的地方留成部分,实行全额返补,三年以后视情况差额返还补助。(2)对民间资本管理服务合作社,除参照农村新型金融组织享受财政扶持和税收优惠政策外,合伙人增加投资额获得的投资回报,参照国务院关于存款利息所得暂免征个人所得税的规定,免征个人所得税。所有财政补贴的资金及其产生的收益专项用于充实民间资本管理服务合作社的风险补偿金。

三、实现温州直接投资创新发展的政策支撑

发展股权投资基金重在以产业发展为导向,以积极培育上市为目的。扶持政策可以围绕吸引股权投资基金的建立及引导股权投资基金的发展方向等方面展开。

1.加强税收优惠的力度

(1)股权投资基金管理企业自发生第一笔营业税之日起,前三年缴纳的营业税地方实得部分由财政部门给予全额奖励,后两年按60%奖励。(2)股权投资基金管理企业自获利年度起,前三年缴纳的企业所得税地方留成部分由财政部门给予全额奖励,后两年按60%奖励。(3)股权投资基金企业和股权投资基金管理企业的高级管理人员,第一年至第三年缴纳的个人工资收入所得税地方留成部分由财政部门按年度给予全额奖励,第四年和第五年按年度给予地方留

成部分60％奖励,用于鼓励和支持其深造培训、购买自用住房等。(4)以有限合伙形式设立的股权投资基金企业的经营所得和其他所得,按照国家有关税收规定,由合伙人分别缴纳所得税。按《中华人民共和国个人所得税法》及其实施条例规定的"利息、股息、红利所得"应税项目,适用20％的税率计算缴纳个人所得税。(5)股权投资基金投资于本市的企业或项目,按财政部门按项目退出后或获得收益后形成的所得税地方分享部分的60％给予一次性奖励。股权投资基金投资于种子期的高科技企业,最终实现上市退出的,按退出后收益形成的所得税地方分享部分的80％给予一次性奖励。(6)创业投资企业以股权方式投资于本市未上市中小高新技术企业两年以上的,可以按照其投资额的80％,在股权持有满两年的当年抵扣该创业投资企业的应纳税所得额;当年不足抵扣的,可以在以后纳税年度结转抵扣。

2. 提升政府服务的广度

(1)提供优质项目源。在各地为吸引股权投资基金建立的税收优惠越来越趋同的情况下,是否有优质项目成了股权投资基金关注的焦点。与税收优惠相比,股权投资基金更重视投资项目的经营特质与发展潜力。积极培育企业上市,扩大优质项目源,积极推介优质企业,扩大企业知名度。支持在温注册的股权投资基金公司免费分享政府上市后备企业数据库系统,优先推荐优秀企业给在温注册的基金,为股权投资基金寻找和进入投资项目提供便利的制度条件。(2)拓宽退出渠道。温州股权营运中心为非上市公司产权流通提供了重要平台。支持引导股权投资基金管理公司通过股权营运中心等要素市场转让其持有的投资企业股份。对股权投资基金管理公司重点投资的成长型企业,符合上市条件的,政府应积极推荐其上市。为了活跃股权交易中心,吸引更多的企业进入交易,在股权交易中心建立的初期,必须给予进入平台交易的企业一定的税费及融资优惠。如免征股权交易的营业税及所得税,或至少返还税收中地方留存部分、免征股权交易的印花税、扶持交易中心组织优质企业发行"中小企业集合债券"。(3)扩大股权投资基金的杠杆效应。建议温州地方金融机构对股权投资基金开展以股权投资项目为质押的贷款业务,具体操作可以通过股权交易中心进行,企业将股权在交易中心办理登记托管,经中介机构评估其股权价值,即可以质押的方式向银行或社会资本寻求贷款,通过杠杆效应提高股权投资基金的收益率。(4)健全服务系统。温州市人民政府各部门在股权投资基金注册登记、人才引进、经营场所选定等方面切实做好政府服务工作,实现基金从咨询、评审、创设、备案、募集到项目对接等整个过程的全方位服务。建议建设温州股权投资基金大厦,吸引相关机构入驻,为股权投资基金注册提供真正便利的配套设施。

四、壮大温州企业上市及再融资规模的政策支撑

推进企业上市及通过并购整合扩大已上市公司的再融资规模是激活股权投资基金的关键。加大对拟上市企业及再融资企业的扶持力度,能大大提高企业上市及再融资的积极性。但是扶持政策应该把握资本市场动向,优选培育扶持对象,提升财税政策效果。

1. 创设多元化的财政支持体系

(1)建议发挥财政资金对激励企业自主创新的引导作用。综合运用贷款贴息、风险投资(Venture Capital,VC)、科技资助等多种投入方式,对新兴产业的技术创新活动给予重点支持,引导企业加大科技投入,进一步巩固企业在科技投入中的主体地位。完善财政科技资金使用绩效评价制度,加强对财政科技资金投入企业的全程监督,实现财政科技投入效益最大化。(2)设计差异化的税收政策。税收政策的价值取向要与产业结构的发展要求相匹配,产业结构的发展要求应该与资本市场的上市要求相匹配。主要推行一些企业所得税

优惠政策,如对符合条件的企业将按15％的所得税税率征收,及所得税地方留成部分对企业进行补助等,但等级设计应该差异化。要按技术含量和产业化阶段给予不同等级的优惠,鼓励地方和企业将更多的资源投入到战略性新兴产业的培育中。分层次对上市企业进行排队整合,按照主板、创业板、中小板和海外等不同层次,给予不同的优惠待遇。(3)运用政府采购的导向作用。通过政府采购政策为温州市高科技企业提供创业初期的市场支持和保护,这对高科技企业有着极好的引导、扶持和促进作用。建议温州在政府采购工作中,应强调加强政府采购对高科技产业的导向和支持力度。可以通过政府投入研究开发费用,当企业生产出合格的产品后,由政府定向采购;或者采用选择性招标采购的方式,定向采购高科技企业的产品,并专门提出在价格、质量、交货等条件同等的情况下,优先购买本市高科技企业的产品的具体措施和实施办法,以提升企业资产的周转能力与盈利能力。

2. 实施全方位的上市服务体系

(1)提升企业优惠政策的运用能力。税收优惠政策如果不为企业所知并所用,则优惠政策的导向作用会大打折扣,所以不仅要制定优惠政策,还应该帮助企业提高运用优惠政策的能力。如国家在加大对企业技术开发的税收扶持方面有较大的优惠力度,即允许企业按当年实际发生的技术开发费用的150％抵扣当年应纳税所得额,实际发生的技术开发费用当年抵扣不足部分,可按税法规定在五年内结转抵扣。但事实表明,真正享受到该税收优惠政策的企业比例较低。主要原因是企业没有对技术开发费进行单独记账。提升优惠政策的运用能力,有必要提高企业的财务管理素质,政府应该积极支持会计师事务所、税务师事务所等中介机构对重点扶持企业提供管理咨询,有针对性地减免事务所的税收可以大大提高事务所的积极性,从而推动温州民营企业的整体理财素质的提高。(2)疏通国内外上市通道。引导证券公司、基金和银行等进入重组和兼并服务领域,积极鼓励国内外优秀的股权投资基金入驻,并广泛开展各种增值服务,如帮助企业规范运作、进行资源整合、开拓市场渠道、提供合作伙伴资源、解决疑难杂症、协调公共关系、完善信息披露制度等,从而大大提高企业的上市能力,最终帮助企业实现在国内外二次融资或上市融资。(3)增强中介服务机构的素质。会计师事务所与律师事务所的发达程度直接影响企业的财务管理能力与企业上市的基础。在充分加强已有的中介机构力量的同时,着力引进外部知名的中介组织,提供高品质的财务咨询与法律咨询,提供知识产权保护和评估服务,并利用国内外知名中介机构的良好信誉,帮助本地中介机构的成长,提升服务企业上市的能力。

五、助推温州利率市场化改革的政策支撑

作为资金价格,利率的市场化改革毫无疑问是优化经济结构、化解经济问题的重要环节。但如果利率市场化导致银行利差大幅缩小,银行可能会选择将贷款发放到高风险且收益更高的资产上,加剧道德风险。因此,应当积极探索制度保障,从而促进温州形成良好的资金分配机制和资源价格形成机制,促使实体经济更加健康发展。

1. 构建风险保障机制

(1)建立温州农村金融组织风险互助共同协定。建议温州金融办成立风险互助应急领导小组,组织实施温州农村金融组织风险互助共同协定。当某缔约方发生支付危机等重大事件时,启用风险互助,迅速采取资金调剂措施,以避免金融风险的出现。各缔约方随时准备上年末存款余额的 0.5% 的资金,当风险互助应急领导小组决定启动实施风险互助时,无条件接受调剂指令,迅速将资金转到指定账

户。这项协定可有效防止银行挤兑风潮的发生和蔓延,从而促进金融体系的稳定,提高制度的安全预期。(2)建立风险识别预警系统。各试点银行应及时向监管部门报送存贷款利率浮动水平,监管部门要根据市场利率的变化特征判断风险发生的可能性和程度,运用多种金融管理技术,根据对各种经济变量的预测分析,采取多种金融工具和措施,尽早识别风险,规避风险。因此,必须提高监管人员的能力与素质,建立监管当局与银行之间的人员交流机制,使年轻的监管人员熟悉银行风险管理,这是提高监管人员能力的有效途径。(3)建立会计监管制度。参照巴塞尔新资本协议对商业银行有关信息披露的相关要求,对温州金融机构风险信息披露的规定进行规范统一,形成一个完整的更具体化的信息披露要求。实现风险信息披露的规范化,满足利率风险监管对信息及时性和信贷风险监管对信息真实性的要求。在技术上,通过会计电算化,实现电子化监管;在体制上,通过监管当局所设立的会计监管部门和银行会计部门所构成的信息交流系统,实现高效率的信息运转。

2. 以财税优惠政策引导资金流向

(1)建立小企业贷款风险补偿基金,对金融机构发放小企业贷款按增量给予适当补助,以正确引导资金流向,保障地方经济的健康发展。(2)适当减免中小金融机构对中小企业贷款业务的营业税及返还地方所得税部分,有效降低中小金融机构服务中小企业的成本,提高资金议价能力较低的中小银行的抗风险能力。(3)在中小金融机构存款的客户利息收入,按照存款金额的大小准予不同程度的减免利息税,以促使民间资金向中小金融机构流动。(4)提高非正规民间借贷机构相应项目利息收入的营业税,限制相关企业所得税税基减免额中利息支出的部分,以提高民间借贷的成本,旨在引导资金的良性流动,从而全面提高民间资金的使用效率,推动温州金融经济的良性发展。

第二章 温州农村金融组织发展及政策创新[①]

目前,温州经济社会发展与金融服务已进入高度互动阶段。发达的民营经济有力地促进了温州金融机构业务的高速增长,近十多年来信贷总量持续呈现高质量增长,2009 年各大、中商业银行存贷比多在 85％以上,资产质量保持优良,不良率仅为 0.5％。然而,与此形成鲜明对照的是,地方金融发展水平远远滞后于地方经济的发展,尤其是小额贷款公司等新型农村金融组织尚存在着融资渠道不畅、融资金额不足、行业前景不明朗、地方金融机构间发展不协调、区域发展不平衡等诸多问题。尤为突出的表现是:尽管现有商业银行类金融机构超负荷运营,微小企业与"三农"的金融需求和巨额民间资金投资需求仍远远未得到有效满足。资料表明:温州小微企业发展中有超过 90％的小微企业从未得到过正规金融机构的资金支持,另一方面则至少有 6000 多亿元民间资金常年游离于实体经济之外。这有力地说明,温州地方性金融资源配置的有效性和金融业发展的

① 本章系浙江大学经济学院、浙江大学金融研究院 2010 年 8 月启动、2011 年 9 月完成的《温州市民营经济改革创新试验区若干金融发展重大问题研究》成果之二。课题总负责人:史晋川教授。课题调研中得到了浙江省人民政府金融工作办公室、温州市人民政府金融工作办公室、中国人民银行杭州中心支行、浙江省银监局、浙江省证监局、浙江省保监局等单位的大力支持,在此表示感谢! 本章执笔:何嗣江、严谷军。

协调性还存在着很多缺陷,经济发展与地方金融发展呈严重失衡状态,进一步改革与提升的空间巨大。

展望未来,温州市经济社会转型发展中强劲的金融需求和巨额民间资金的投资需求为温州农村金融组织的创新发展带来了难得的机遇。当务之急是:如何在有效防范风险的前提下,通过制度和政策创新,引导活跃的民间资金规范化运作,鼓励民间资金投资于地方金融,增设、创新新型农村金融组织,构建普惠制金融体系,改革和完善农行社、小额贷款公司、典当、担保等地方性金融机构和中小金融组织,让有真实资金需求的个人和微小企业能够以合理的价格,方便、及时、有尊严地获取高质量的金融服务,构建起与发达的县域民营经济相匹配的"金融强市"及金融生态,增强政府对金融资源的动员、整合和调控能力,加快形成与温州经济社会协调发展的多层次地方金融支撑体系,努力实现地方金融业的创新驱动、内生增长,促进温州经济又好又快地发展。

第一节　加快推进小额贷款公司创新发展

温州市自 2008 年 7 月启动小额贷款公司试点。在两年多的发展过程中,小额贷款公司面临的最大难题是后续资金不足,致使其可持续发展受到限制。积极探索政策与制度创新,适当放宽小额贷款公司转制为村镇银行的条件,拓展资金筹措渠道,提高融资额度和负债率等,已成为现实中亟待解决的问题。

一、积极开展小额贷款公司资金融通制度创新

温州的实践表明,小额贷款公司有对小企业与农户进行贷款的

能力①,同时地方经济的发展中也有大量的资金需求。然而,小额贷款公司"只贷不存",资金来源渠道较为狭窄。由于后续资金不足,当其放贷规模达到一定程度后,易出现资金"瓶颈"的问题,难以扩大贷款覆盖面,导致其无法满足市场的资金需求。由此,小额贷款公司的持续发展就受到较大影响。为推动小额贷款公司持续发展,当前亟须积极探索资金融通制度创新,开展融资比例、融资渠道、业务创新等方面先行先试,有效开辟小额贷款公司后续资金的来源渠道,争取逐步提高小额贷款公司自然人的参股比例,放宽单一投资者持股的比例限制。

1.利用政府信用平台拓宽资金来源

积极争取农业发展银行、国家开发银行等大型金融机构向温州的小额贷款公司发放委托贷款、批发资金等,以解决小额贷款公司后续资金不足的困境,将小额贷款公司所掌握的贷款需求信息与大型金融机构所拥有的资金对接,畅通小额贷款公司资金的来源渠道。

同时,争取赋予小额贷款公司向中国人民银行申请支农再贷款的资格,享受与农村金融机构类似待遇。这一方面拓宽了小额贷款公司的筹资渠道,另一方面也有助于拓宽中央银行的货币政策传导渠道。事实上,鉴于小额贷款公司分布于农村及远偏地区的特点,可为货币政策传导提供基层承载体,以避免货币政策传导在这个层面上的"断档"或缺位,提高传导的效率。

2.探索向资本市场募集资金

创业板在我国推出一年多来,正在成为财务清晰、治理结构规范的中小企业的重要融资渠道,其在鼓励和引导社会投资、支持创新型

---

① 截至2010年9月末,温州全市20家小额贷款公司的平均不良贷款率仅为0.08%,平均收益超过10%,预计2010年全年小额贷款公司对地方财政的贡献将超过7400万元,成为温州新的税收增长点。

企业发展、促进产融结合等方面的功能初步得到显现。按照中国银监会对商业性小额贷款组织的定位是商业企业,根据中国证监会制定的有关创业板的相关制度,商业性小额贷款组织符合创业板上市条件。温州要选择符合条件的小额贷款公司,积极尝试通过国内外创业板市场融资,以此推动解决商业性小额贷款组织后续资金和可持续发展的问题。此外,还可考虑利用国家加快企业债券市场发展的机遇,做好扶持培育工作,探索温州小额贷款公司通过申报发行企业债和中期票据等方式从社会融资。积极争取市内的小额贷款公司组成联合体,发行集合债券,增加直接融资规模。

3. 逐步放开小额贷款公司从银行融入资金的限制

应允许银行业金融机构对小额贷款公司放贷按照通常的信贷管理程序进行操作,即贷与不贷、贷多贷少由商业银行通过自身的信贷决策系统完成,监管部门无须规定贷款的额度。事实上,不同的时间、不同的地点,小额贷款公司所处的环境不同,股东的信誉度亦不一样,银行对其的贷款决策也将不同。因而,监管部门现行规定的小额贷款公司实收资本50%的融资额度是欠妥的,应当放开。通过银行批发贷款给小额贷款公司,小额贷款公司再以小额信贷方式贷款给小企业、个体工商户和农户等,从而小额贷款公司成为银行的贷款零售商。这对双方而言是双赢之举:银行借助小额贷款公司这一中介,低成本地扩大了放贷对象,小额贷款公司则一定程度上缓解了资金瓶颈约束。尤其是在温州,小额贷款公司的股东大多是本土的行业龙头企业,在当地及股东所在行业具有信息优势,并具备较高的经营能力。对于此类效益好、经营规范的小额贷款公司,应逐步提高银行融资比例,近期内可将该比例从50%提高到100%,总结经验后再提高到200％当属可行①。此外，还应积极搭建小额贷款公司和商业银行合作平台，支持资产转让、组合贷款、票据业务等业务试点；允许省年度考评为标兵称号的小额贷款公司可融资的金融机构数量从2家增至4家，考评为优秀的可从3家金融机构融资；允许小额贷款公司以股东的股权抵押向银行融资等。

4. 允许质地优良的小额贷款公司开展股东内部融资

温州小额贷款公司的主发起人和大股东大多有大量的闲置资金，但受限于持股比例，只能在维持原有持股比例的前提下增资扩股。为充分利用大股东的资金实力来服务小企业和"三农"，应允许小额贷款公司向股东融资试点，这不但能激活闲置的民间资本，还能降低小额贷款公司的融资成本，免去从银行融入资金相对烦琐的审核程序，并且可避免过度依赖银行融资对其长远发展的不利影响。例如，小额贷款公司获取银行融资后，银行一般有较严格的贷后管理程序，对由此发放的每笔贷款之用途要进行详细的跟踪，小额贷款公司要将贷款信息向银行报备。然而，在获取资质好的客户方面，小额贷款公司与银行存在一定的同业竞争关系，小额贷款公司向银行报备无疑会泄露客户信息，引致部分优质客户的流失。

由此，在小额贷款公司的股东满足资产负债率低、信用状况优良等条件的情况下，经相关主管部门审查、履行必要手续后，可允许小额贷款公司吸纳股东三个月以上期限的自有资金用作放贷资金，以进一步增加可贷资金来源。积极探索在账户托管的情况下，开展股东资金委托小额贷款公司操作的委托贷款业务。在试点起步阶段，为审慎起见，可对股东内部融资的额度与比例作出一定限制，并将试点对象限制在稳健运行两个年度以上，且坚持合规经营、法人治理严

---

① 即使融资比例提高到200％，小额贷款公司的资产负债率也仅为70％，低于某些实体行业的企业负债率。

谨、不良贷款比例低于 1%、小额贷款比例达到规定要求的优秀小额贷款公司范围之内。此外,鉴于自然人股东的资金真实来源不易查清,温州小额贷款公司试点开展股东融资应主要选择以向法人股东融资为限,重点是向资产负债率小于 50% 且净资产超过 1 亿元的主要股东进行融资,融资额一般不超过固定净资产的 30%。

二、探索开展小额贷款公司转型为新型村镇银行试点

1. 转型为新型村镇银行的路径

小额贷款公司是由自然人、企业法人与其他社会组织投资设立,不吸收公众存款,经营小额贷款业务的有限责任公司或股份有限公司。由于受到"只贷不存"的约束,且对单一投资者持股比例进行严格限制,小额贷款公司只能通过注册资本金及不超过注册资本金 50% 的银行融资进行放贷。但因小额贷款公司的放贷对象多为"三农"和小企业,事实上从银行融资亦非易事。由此,面对旺盛的小企业融资需求,许多小额贷款公司陷入"无钱可贷"的困境,其可持续发展受到严重制约。

鉴于小额贷款公司的实际困难,本着积极审慎、有效防范风险的原则,2009 年银监会下发了《小额贷款公司转制设立村镇银行暂行规定》,允许符合条件的小额贷款公司转为村镇银行。然而,上述暂行规定中提出,小额贷款公司改制的一个重要前提是已确定符合条件的银行业金融机构作为主发起人,即改制后的村镇银行最大股东或控股股东必须是银行业金融机构,且要求控股比例不低于 20%,而小额贷款公司原先的经营控股人及关联方在改制后的村镇银行中持股比例不得超过 10%。按照这一规定,改制之后,原来小额贷款公司大股东的地位必然被主发起行所取代,相当于"送自己的亲生儿子去做别人的干儿子",也即转制使得现有股东面临着丧失对小额贷款公

司控股权的高昂成本。控股权和经营权的彻底易手必然严重挫伤小额贷款公司转制的积极性。

在经济结构以民营经济和小企业为主的浙江温州地区,民间资本规模庞大,同时小企业尤其是微小企业融资难的矛盾十分突出。并且温州当地的金融生态环境优良,信贷资产质量甚佳①。此外,从传统产业发家的温州民营企业主低调而务实,在长期的市场导向和基于严格的效益—风险观念的经营过程中,形成了良好的风险意识和审慎的作风。在此种特定的经济金融环境中,政府及金融管理部门宜适当放宽小额贷款公司转制为村镇银行的限制,积极探索以民营企业为主发起人和最大股东的小额贷款公司转制村镇银行试点,使一部分小额贷款公司从主要运用资本金和借入款等专门提供小额信贷服务的商业性机构转变为正式的金融机构,使小额信贷由"只贷不存"、资金流通缓慢的状态转变为可贷可存、业务量出现乘数效应的新形态,以有效弥补原村镇银行覆盖面小所形成的空白,推动形成多层次、广覆盖、可持续、互补性强的农村金融组织体系和差异化、竞争性的金融服务体系。

2.转型为新型村镇银行的功能与效应

在现阶段,试点以民营企业为主发起人的小额贷款公司转制为村镇银行模式,其积极意义主要有二。

——可有效促进村镇银行服务水平及市场生存能力的提高。如果小额贷款公司改制设立村镇银行,必须满足银行业金融机构作为主发起人的条件,这样的制度约束使得村镇银行不能成为一种由地方自主设立和运营的独立机构。与此同时,民营企业和农民难以成

---

① 2010年中国社会科学院公布的调研报告显示,温州已成为中国金融生态环境最为良好、信贷资产质量最佳的城市。截至2010年9月,温州全市银行业贷款不良率在0.5%以下。

为主要股东,民营企业和农民的金融自主权未能落实,无法确保他们参与该类机构的积极性,相应地,这些银行也将难以真正融入地方经济。这样所设立的银行只是一种"建在村镇的银行",仅仅在形式上实现了银行机构的地理延伸,但由于独立性不强等原因而将不能充分发挥其应有的功能①。而以民营企业为主发起人转制设立村镇银行,使得这些银行成为从民间组建起来的金融组织,且具有明晰的产权界定,从而为其建立具有良好公司治理结构的现代企业制度、实行市场化经营机制造就先决条件。更为关键的是,在该种模式下,民间资本掌握了直接的经营决策权,也才能充分发挥此类银行依托当地、利用地缘人缘优势来处理软信息、从事关系型贷款上的比较优势,从而更利于解决小企业与农户融资难题。

　　——为民间资本进入金融业提供了一条风险相对较低的途径。《国务院关于鼓励和引导民间投资健康发展的若干意见》(国发〔2010〕13 号,民间投资"新 36 条")明确提出鼓励和引导民间资本进入金融服务等领域,但如何落实民间投资"新 36 条",即民间资本应通过何种方式进入金融业,以破解民间资金投资难,合理引导民间资本流向,有效转化民间资本为产业资本,成为一个亟待研究的问题。在这方面,积极发展以民营企业为主发起人的村镇银行,是一条风险相对较低的途径。一方面,转制建立村镇银行的资本金要求相对不高,这便于民间资本进入该领域。尤其是在温州,规模及投资潜力庞大的民间资本为村镇银行的转型发展奠定了坚实的基础。而准许民

────────────────

　　①　如果由银行业金融机构控股,势必将其贷款准入条件和规章制度施加于转制后的机构,使该机构成为控股银行的基层组织,从而小额贷款的灵活性将难以落实,支持"三农"和小企业的力度将大打折扣。另一方面,商业银行是否真正有积极性以控股形式接手由小额贷款公司转制而成的村镇银行,同样也需要认真研究。与商业银行直接设立分行相比,前者运营成本则高得多。这或许正是主管部门大力要求商业银行发起建立村镇银行,而迄今为止实际运营的村镇银行离主管部门要求相差甚远之原因所在。

间资本主发起转制设立村镇银行将能有效提高民间资本的使用效益,实现其由实业投资向实业与金融投资相融合的转变。另一方面,小规模的村镇银行机构若因经营不佳而陷入困境,其他民间资本或金融机构可以较容易地对其进行收购,这可确保其一旦成为问题机构后得以平稳退出市场,且由于单家村镇银行占有的金融资源有限,即使出现严重风险后实施破产清算,对社会的震动亦较小。总的来说,以民营企业为主发起人转制小额贷款公司为村镇银行,是引导民间资本进入金融业过程中可供选择的风险相对较低的一种载体。

三、小额贷款公司创新发展中的风险控制

毋庸讳言,在温州推进以民间资本为主发起人和最大股东的村镇银行,其发展过程中也面临着一定风险。特别是,小额贷款公司转制为村镇银行后,具有了吸存功能,一旦其经营不善,将波及存款人的利益。但风险的存在不应成为拒绝创新发展村镇银行的理由,关键是要通过设计有效的规则与制度,把好民间资本的准入关,建立完善的动态监管体系。借鉴欧美发达国家的成功经验,可以综合运用以下几个方面来达到风险控制之目的。

1.适当提高准入的规模门槛

美国社区银行发展的经验表明,过小的规模使得银行无法有效分摊经营中的固定成本,也不利于行业、地区风险的分散化和资产组合的优化,因经营不善而导致亏损的可能性较大。美国社区银行中的规模最小者在绩效表现上即处于全部社区银行中的弱势地位。温州在创新发展村镇银行时,虽然银行的资本金下限不宜太高,但也不应过低,综合考虑,可将其最低资本金要求定在不低于3亿元的水平。一定的规模要求可为村镇银行主动优化资产组合、实施风险分散化策略提供技术上的可能性。同时,应优先选择依法合规经营、业

绩优良、公司治理完善、管理人能力和素质好、没有不良信用记录的小额贷款公司改制为村镇银行,以把好市场准入关。

2. 采取较为集中的股权结构

就公司制企业的资本结构来看,可以有多种类型,如股权集中型、股权高度分散型、虽没有绝对控股股东但有多个持股量近似的大股东型等。温州创新发展的村镇银行在股权结构安排上宜采取相对较为集中的模式。因为过于分散的股权结构将导致自我约束的激励不足,并易于引发相关民营资本借入股村镇银行从事关联交易。并且,可要求主发起人及主要股东通过资产置换、资产转让等途径脱离原企业,专门从事村镇银行的经营管理,把自身定位在只开展金融业务的企业上,从而有效割断与产业资本超经济联系的脐带,以真正按照公平的市场交易原则稳健经营。

3. 规定较高的资本充足率要求

Keeley 和 Furlong(1990)运用期权模型证明,银行资本金比例的提高会降低存款保险期权的价值,迫使银行在危机发生时以自有资本承担损失,因此银行会在资产选择时采取谨慎的行为,从而降低银行的资产风险。这种正向激励作用通常被称为"在险资本效应"。可选择对村镇银行提出更高的资本充足率要求(如要求资本充足率水平应达到 13% 以上,核心资本充足率水平应达到 10% 以上等;对资本充足率低于 13% 的村镇银行,加大非现场监管和现场检查力度,并督促其限期补充资本),通过发挥银行自身资本金投入的"人质效应",以强化其自我约束的激励,限制其机会主义行为空间。此外,在试点起步阶段,对于由民间资本牵头发起组建的村镇银行,可以要求主发起人及主要股东集体承诺对一旦清盘未能清偿的债务承担无限责任,促进实现股东目标与村镇银行长远发展目标的激励相容。

4.实行分级动态管理制度

金融业是一个特许权经营的行业。特许权价值越高,银行资产经营的谨慎性越强,对道德风险的约束性也越强。因此,在创新发展村镇银行的过程中,可以考虑对其实施分级管理制度,即根据村镇银行的风险控制状况、合规经营程度、管理水平、资本实力等发给不同的牌照,规定不同的经营范围,并建立动态的升、降级机制。这将利于改变其风险追求的行为取向,并有效降低资产风险。

5.创新地方小型金融组织监管体制

在温州试点对小额贷款公司、村镇银行、资金互助社等小型金融组织,建立以地方政府为责任主体的地方小型金融机构监管体系,落实地方政府监管和风险处置责任,由温州市人民政府对属地小法人机构归口统一管理和风险处置,避免"多头监管"以及"无人监管"等现象发生,确保小型金融组织健康有序发展。

第二节　试点发展民间资本管理服务合作社

毫无疑问,农村金融市场往往存在着严重的信息不对称,外部人员一般很难了解贷款的使用情况及还贷的可能性。贷款的对象通常也局限于一定圈子内的人群,不愿向圈子外的人员贷款。这就显示,为满足农村市场尤其是基层农民和微型企业的贷款需要,必须有一个来自于农村内部的组织来提供贷款。在这方面,除积极发展农村资金互助社①外,鉴于温州活跃的民间借贷及雄厚的民间资本,还应大力探索民间资本管理服务合作社等创新组织,将其作为制度创新的重要选择方向,从而在促进弥补农村金融供给不足的同时,有效实现将民间借贷从地下引导到地上,推进阳光化运作,加强民间资本的有序投资与管理。近期可重点考虑在经济中等发达、民间资本活跃、正规金融机构服务不足、有一定规模经济辐射效应的地区开展试点。

一、民间资本管理服务合作社的运作模式

民间资本管理服务合作社为按照"资金自聚、风险自担、封闭经营、自主操作、利益共享"的原则,经批准在一定区域范围内由自然人、企业法人或其他组织合伙组成的普通合伙企业。业务范围限定在一定区域内的资本投资咨询、资本管理、项目投资等服务。

民间资本管理服务合作社的合伙协议及主要管理制度须由全体合伙人协商、一致通过,并且全体合伙人按照合伙协议规定享有权利、履行业务。按照合伙协议的约定或经全体合伙人决定委托产生执行事务合伙人,并聘任合伙人或合伙人以外的人担任合作社的经营管理负责人,全面负责日常服务管理工作。民间资本管理服务合作社以合伙人所出资金、投资资金等作为主要资金来源,也可接受社会捐赠和其他补助资金。资金主要用于对合伙人的项目进行投资,但接受捐赠和其他补助的资金须优先用于补充风险金,在风险金充足的情况下,可专项用于对农户和种养殖业等弱势合伙人项目进行投资。民间资本管理服务合作社不得进行任何形式的非法集资,不得非法吸收或变相吸收公众资金,不得对非合伙人项目进行投资。

---

① 农村资金互助社是由乡(镇)、行政村农民和农村小企业自愿入股组成,为社员提供存款、贷款、结算等业务的社区互助性银行业金融机构。从我国一些省份的试点农村资金互助社来看,这类机构在运营过程中普遍受到运营成本过高、资金来源不足等问题的制约,实际运行中发展缓慢,至 2010 年年底全国仅有 37 家。

自合作社成立之日起两年内,或入伙时间不足两年的,合伙人所出资金不得收回。合伙人增加投资额获得的投资回报,参照国务院关于存款利息所得暂免征收个人所得税的规定,免征个人所得税。

民间资本管理服务合作社试点工作采取在各县(市、区)有条件、分步骤推进的方式,按照"市政府统一领导、县级政府具体组织实施"的工作思路进行。试点初期,原则上在 2~4 个已设立金融办的县(市、区),选择有一定规模经济辐射效应的乡(镇)或行政村开展。民间资本管理服务合作社的注册资本下限一般不低于 500 万元,试点期间注册资本上限一般不超过 1 亿元,单个自然人、企业法人入伙合作社的出资数额不得超过注册资本的 10%。由县(市、区)金融办作为民间资本管理服务合作社的业务主管部门,承担日常监管的职能。

二、发展民间资本管理服务合作社的现实意义

民间资本管理服务合作社建立在熟人社区内,人际关系紧密,服务对象固定,相互之间知根知底,具有强烈的地缘、亲缘关系特征,不对外吸收存款和投放资金,故能够有效解决信息不对称问题;同时,任何借款人的"反合作行为"会在熟人社区内迅速传播,成为整个社区的共同信息,使潜在违约面临惩罚扩大化的威胁,从而可充分利用"声誉机制"这种乡村最原始的信用制度确保低违约率,抑制机会主义行为的发生,降低监督成本。基于上述这些优势,在温州试点设立民间资本管理服务合作社,通过特定区域、特定群体、封闭运作的内部会员资金融通手段,有助于实现引导和规范民间融资行为、解决农村地区融资难、促进民间资本服务地方经济发展的目的。具体而言,其作用将主要表现在两个方面。

一方面,有助于引导温州民间借贷的方向,维护农村金融市场秩序。温州民间资本丰裕,资本运作交易市场活跃,民间借贷在正规金融体系之外对民营经济的发展起到了拾遗补缺的作用。但民间资本

在运作过程中存在资金拆借不规范、投资和非法集资的界限不清晰等问题,个别地方打着担保公司、咨询公司等名义,违规违法开展地下融资活动,严重扰乱了金融市场秩序和社会治安秩序,潜伏着较大的风险隐患。理论与实践均表明,对民间融资采取"堵"的办法难以奏效,宜采取"疏"的办法,即应该通过合理的载体把富余的民间资金引导到微小企业和"三农"。而民间资本管理服务合作社正可以成为这样一种载体。资金互助联合会组织作为一种经济利益的结合,将分散的资金集中起来,为有需要的会员提供服务,提高了民间借贷的规范化、组织化程度,有效地排挤了高利率的农村民间借贷的市场空间,便利了政府部门对其进行规范的监管,进而可优化农村信用环境。如果缺乏可正规注册民间资本管理服务合作社这样让其实现阳光化的政策,民间融资将只能继续在"地下"生存,反而不利于地方金融风险的控制。因此,通过开展民间资本管理服务合作社试点,可以规范和加强民间资本的有序投资与管理,有效引导温州民间资本健康合理有序流动。此外,这在促进温州经济转型发展的资金保障、打造全国民间资金集散中心、持续推动区域间的经济互补发展等方面也具有重要意义。

另一方面,有助于满足中低收入农户和微型企业的贷款需求,使此类主体能更为便捷地以较低成本获取资金支持。农户和微型企业的资金需求具有单笔金额小、季节性强、用款频率高等特点。这些数量众多的分散的信贷需求对象一般较难与正规金融机构尤其是大型金融机构实现对接,其根源在于交易双方信息不对称,且交易成本过高,大型金融机构与量大面广的小型借款人进行交易是不经济的。面对这种现实,由农户和小型企业自愿组织起来的民间资本管理服务合作社,植根在农户和小型企业中,契合了其追求熟人社会里互助融资的便利性,在组织内会员之间通过资金的余缺调剂,以简便的融资手续、灵活的贷款期限,解决急迫的融资困难,克服农户和小型企业申贷能力不足的问题,扩大资金融通的渠道,推进信用地位的提高。在这个意义上,民间资本管理服务合作社可发挥对现有正规金融机构互补的功能,从而有助于构建多层次的融资体制,满足温州地方经济发展中多层次资金融通的需要。

三、民间资本管理服务合作社创新发展中的风险控制

民间资本管理服务合作社不开展对外吸存,而是一种体现合作精神的互助性组织,该种运营模式的风险基本不具有可扩散性,其所面临的主要是个体的经营风险。为控制个体经营风险,要设计科学的机制来严格规范,建立良好的内控制度和运作机制,以使这类合作社成为自我审慎监督、自我风险控制、可持续发展的资金互助组织。

1.审慎性指标约束

借鉴银行业金融机构的审慎监管标准,对民间资本管理服务合作社提出审慎性指标约束,实行项目投资限额管理制度,主要包括:对单一合伙人的投资总额不超过资本净额的 5%,对单一企业合伙人及其关联企业合伙人、单一自然人合伙人及其在同一户口簿上的其他自然人合伙人投资总额不超过资本净额的 7.5%,合伙人最高融资额不超过其入会资金额的 10 倍,对前十大融资合伙人的投资总额不超过资本净额的 50%,资产损失准备充足率不低于 100%,以及投资期限不低于三个月等。借鉴银行业金融机构贷款五级分类的方式进行风险管理,参照建立备付金制度,库存现金、银行存款等备付金占股金与增加的投资额、应付给合伙人的投资回报合计金额的比率不得低于 15%,以满足安全性和流动性的需要。同时,要求民间资本管理服务合作社建立信息披露制度,按月向县级政府、金融办及人行等部门报送资金运营及财务数据,按月将合伙人间的投资金额、投资用途、投资回报等情况向所有合伙人公布一次,以便相关主体及时掌握

合作社的财务状况和内部风险控制情况。

2.担保安排

民间资本管理服务合作社主要依靠乡土社会信任机制而运作，但仍可将担保抵押规定作为第二位的风险控制手段。单一合伙人在其入社资金额度内的融资，可实行信用融资方式，超过入社资金额度的需 2～5 户联保。若投资不能收回，则担保人承担全部损失，并从其入社出资金额和增加投资额中扣除相应金额和利息；若达到担保人入社出资和增加投资总额的，则强制担保人退出或继续追加投资额。

3.规模控制

民间资本管理服务合作社若规模和运作区域过大，就会失去信息灵通及地缘、人缘等优势，容易出现呆坏账现象，影响到经营的稳定。因此，应考虑在一个乡（镇）或行政村范围内成立民间资本管理服务合作社，严格限定其不得在核定的乡（镇）或行政村区域外从事经营活动，以使合作社既能满足农民、微型企业的资金需求，又可控制相应的金融风险。同时要求入伙的企业法人注册地或主要营业场所、自然人户口所在地或经常居住地（要求本地有固定住所且居住满三年）必须在民间资本管理服务合作社所在乡（镇）或行政村内。

4.规范内部治理

健全民间资本管理服务合作社内部监督机制，其他合伙人履行共同监督执行事务合伙人及经营管理负责人执行合伙事务经营情况的义务。受委托执行合伙事务的合伙人不按照合伙协议执行事务的，其他合伙人可决定撤销该委托。建立完善民间资本管理服务合作社投资管理制度，合理制定审查程序、操作规程，并参照企业财务会计制度对合作社经营活动的账目进行记录。

民间资本管理服务合作社只能在 1 家商业银行开立账户，合伙人增加投资额、向合伙人的项目进行投资活动以及合伙人出资所获得回报的结算,均通过银行账户转账处理,原则上不允许进行现金结算,以接受监管部门的监督。

第三节　积极探索民间借贷的规范与创新发展

民间借贷活动的存在发展是在市场经济广泛渗透的情形下,对金融组织单一性与经济结构多元化、市场化发展之间强烈反差的一种适应性的民间自发创造,是政府管制下正式金融制度安排供给不足所致的产物。客观来说,民间借贷的存在与运行,一定程度上为温州部分小企业和农户创造了融资便利①。然而,其自发性、分散性、隐蔽性、不规范性等特征对温州地方经济金融的稳定亦带来一定的负面影响。因此,要围绕打造服务民营经济的区域性专业金融中心和民间资金集散中心的方向,以民间借贷发展逐步走向规范化为目标,加快开展引导和规范民间融资的工作,争取在国内率先建立起一个合法的、活跃的民间借贷市场,充分发挥民间融资对温州经济发展的支持作用。

一、民间借贷规范与创新发展的主要路径

1.探索设立民间借贷登记服务中心

为克服民间借贷市场无组织性和分散性的缺点,借鉴美国等发达国家发展非正式金融的做法,鼓励公证机构和律师事务所开展民间借贷合同公证、民事纠纷法律咨询、代拟民间借贷合同等业务,为

---

①　据不完全统计,目前温州民间借贷的规模达 600 亿～800 亿元,约占全市银行业金融机构贷款余额的 15% 左右。

民间借贷提供法律中介服务;积极建立会员制或在工商部门注册、产权明晰、独立从事活动的金融咨询服务中介机构。

考虑到温州各地区民间金融的运行状况,可率先在瑞安等地先行开展民间借贷登记服务中心试点。民间借贷登记服务中心吸引民间资金供求双方和担保、投资咨询、公证、评估、登记以及法律咨询机构等各类中介机构及个体经纪人进场,由中介机构和个体经纪人为民间资金供求双方提供除"吸存—放贷"以外的信息汇集和发布、交易撮合、担保、公证、评估、登记、法律咨询等中介服务,促进民间资金供求双方在更大范围内达成直接交易。民间借贷登记服务中心为民间资金供求双方和担保公司等中介机构和个体经纪人提供必要的交易场所,并负有维护市场正常交易秩序的义务,通过吸引市场各方进场交易,为民间资金交易公开化、规范化和非人格化搭建起一个合法的平台。民间借贷登记服务中心的基本运作机制如图 2-1 所示。

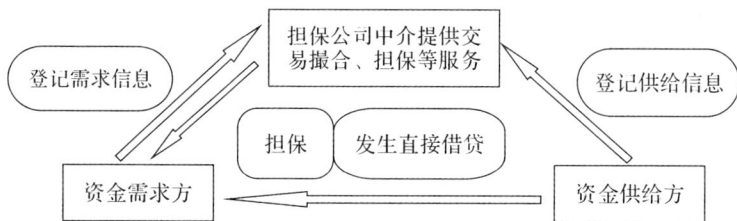

图 2-1　民间借贷登记服务中心的运行机制

2.鼓励商业银行开展民间借贷委托贷款业务

引导银行根据民间融资委托人确定的对象、用途、期限、利率等代为发放、监督使用并协助收回贷款,银行在此过程中只收取一定的手续费,不承担贷款风险。从而,依托于发挥银行的信用中介职能,实现为民间融资双方牵线搭桥,促进民间资金合法规范有序地进入实体经济。

3.试点培养非银行放贷人

为丰富信贷市场层次,让民间借贷浮出水面,尽可能阳光化运作,争取试点允许个人注册从事放贷业务,以利于小企业和自然人通过正常的司法途径保护自身的合法权益,借助合法的金融工具加快资金周转,逐步将民间金融纳入正规化的监管范围,使其在促进小企业多元化、多渠道融资方面更多地发挥出积极作用。

4.探索成立专门的民间借贷催收服务公司

在合法合规的条件下,探索成立专门的民间借贷催收服务公司,提高催收的专业性,及时化解潜在的借贷纠纷,促进社会稳定与和谐。条件成熟时,尝试建立民间借贷服务行业联盟,服务民间借贷市场。

此外,进一步推进典当、担保等融资组织的规范化发展。积极扶持和培育温州典当企业做专、做强。引导典当行做精小额民品典当等典当行业的传统项目,稳步扩大业务量,并逐步适当增加典当融资服务品种。鼓励和支持有条件的典当企业进行股份制改造,增加实力。优先准许经营规模大、资金使用效率高、运作规范的典当行设立分支机构。鼓励大中型典当行采取连锁经营模式,扩大市场规模,实现错位经营。积极打造典当中心,形成行业集群。加强对融资性担保公司的规范化管理和监督,支持民间资本发起设立融资性担保公司,支持各类担保机构采用并购联合、引进嫁接、借梯登高等形式,与国内外有实力的担保机构合资合作,做大做强。鼓励融资性担保公司相互开展分保、联保和再担保等业务合作,支持担保公司创新担保产品和担保服务,开展银行承兑汇票、出口信用证押汇、小企业设备按揭贷款担保等多层次、多方面、多功能的担保服务体系。学习国外经验,选择温州部分银行和担保机构开展试点,在信息共享、信用评价、利率优惠、放大倍数等方面进行探索,逐步建立双方可接受的风险分担机制。

二、民间借贷运行中的风险控制

1.进一步健全对民间金融的监测体系

不断完善民间借贷市场监测指标体系，扩大监测范围，增加监测网点，对民间金融的融资规模、资金流向、融资对象、融资期限及利率变动等情况定期采集有关信息，努力提高监测数据真实性，并协同政府综合经济部门进行研究分析，定期发布民间借贷运行和风险状况的相关信息，公布民间金融市场的利率水平，使之制度化，以正确引导民间融资活动和投资方向。与此同时，在坚持民间借贷风险自负的前提下，政府应适时进行风险提示和预警。

2.建设民间借贷专业电子平台

立足温州民间借贷市场，积极搭建一个透明、快捷、诚信、高效、安全的民间借贷网络信息平台，引导借款人和放款人通过参与该平台交流借贷供求信息、达成资金交易。这一方面可以降低私人投资者和创业者的信息搜寻成本和逆向选择，促进民间金融市场借贷活动健康发展；另一方面可推进民间借贷的地下运作走向地上，增强民间借贷阳光化、规范化程度，便于政府监管部门获取信息并采取动态的针对性风险管控措施，促进民间借贷的安全化。

3.组建小微金融监管与服务平台

民间放贷人和小型金融组织在金融管理、信息渠道、人才储备和风险控制等方面存在一系列明显的不足，客观上迫切需要构建小微金融监管与公共服务平台，为其提供高质量、标准化的监管与公共服务。通过这一平台，加强对放贷人和小微金融组织资产与财务的动态监测，诊察其内部组织、财务结构及业务经营等是否超越警戒范围，及时掌握其营运状况与动态，及时发现和识别各类潜在风险及其变动趋势，在其经营持续恶化的早期发出警报或信号。小微金融监管与服务平台应由市政府牵头,相关监管部门共同参与,全市统一规划实施。短期内,使平台具备信息汇总处理、数据资源共享、征信查询、业务监管等基本功能;中长期,把平台建设成为集信息交流、流程管理、业务监管、风险互助、融资服务、产品研发等功能于一体的开放性、综合性监管与公共服务平台。平台的建设,可以小额贷款公司为切入点,逐步增加放贷人、典当业、担保业等微观主体的功能模块。

4.建立政府和机构层面的两级风险应急处理机制

在政府层面上,市、县级政府应进一步健全由政府分管领导牵头,金融办、财政、人行、银监、公、检、法等部门组成的地方金融风险应急处置协调机构,明确并落实各有关部门在风险应急处置中的职责,制订明晰、可操作的金融突发事件应急预案。在中小金融组织层面上,在条件许可的前提下,引导各类中小金融组织签订系统内的风险互助共同协定,当某一机构出现临时性严重支付危机等情形时,系统内的其他机构应采取资金调剂、提供债务担保、接受贷款转让、购买不良资产及投资入股等各种救助方式,迅速启动实施风险互助,以避免殃及本地区其他机构和毗邻地区机构、甚至危及全系统安全稳定的严重风险事件的发生。条件成熟时,推动中小金融组织设立应急互助基金等工具,提高化解金融风险的能力。

5.完善小微金融主体市场退出机制

"优胜劣汰"是市场竞争的核心所在,通过市场退出机制及时将无效率的、不具备市场竞争力的中小金融组织和放贷人淘汰出金融市场,可避免风险的不断累积和蔓延。基于上述平台的监管网络和社会监督机制,对放贷人、农村资金互助社团、小额贷款公司等小微金融主体加强动态监控,重点关注非法集资、非法吸收公众存款、高利贷、金融诈骗、非法外汇交易等金融违法行为。要尽快根据不同行业制定具有系统性、可操作性的市场评价和退出考评指标体系,以实现市场退出的一致性与公平性。

第四节　稳步推进市区农村合作银行创新发展

由于历史原因,温州是目前浙江省内唯一一个在市区内存在多家农村合作银行的地级市。虽名为"农字号"金融机构,但这些农村合作银行的"三农"业务实际占比甚低。低占比的"三农"业务,主要源于这些银行的服务区域属城区性质,从而纯粹来源于"三农"的资金需求在整个融资需求中的数量十分有限。得益于温州理想的地方经济环境,从横向比较来看,前述金融机构资产质量目前相对较好,然而随着外部竞争的日趋强化,在体制以及服务手段落后等技术因素的约束下,其提升组织存款、开拓业务的能力面临着较大困难。特别是,此类银行虽实为城市金融机构,但在自身的发展中受到来自形式上的农村合作金融的种种约束,开展业务时各种目标相互冲突,难免阻碍其顺利成长。随着温州产业结构的加快升级和城市化进程的不断推进,市区农村合作银行规模扩张和竞争力提高所存在的制约将进一步凸显。如何设计市区农村合作金融机构制度创新的具体方式,保持其可持续发展,已成为难以回避的重大现实问题。

一、市区农村合作银行创新发展的基本路径

一个不争的事实是,在温州市区的经济活动中,来自民营中小企业和个体工商户从事非农生产经营的资金需要构成金融需求的重要组成部分。然而,众多的小企业和个体工商户现仍然缺乏充分的融资渠道和融资机会,存在着庞大的融资缺口。从温州民营小企业的融资结构来看,目前自有资金所占比重依然较高。这种融资结构的形成并非是金融需求不足而是由于供给不足造成的。直到目前,小企业的融资需求仍未得到有效满足,外部融资制约仍未解除。金融

组织体系结构与经济结构不匹配、金融资源配置结构与产出结构不对称,是一种不应否认的客观存在。

基于上述经济金融运行现实,温州市区农村合作银行经营体制调整、创新的一种不失经济合理性的选择是:通过资产评估和股份的重新安排,从现有的股份合作制金融组织改制为具有独立法人地位、以利润为目标、按商业原则运作的股份制中小商业银行,实现由传统型金融机构向创新型金融机构跨越。预期这一转变将对温州形成具有比较优势的地方金融组织框架,提升地方金融机构的创新能力和综合实力,推动地区经济向着更高层次发展起到显著的作用,并积极地促进温州的金融深化进程。为稳妥起见,2011年可先选择其中1~2家市区农村合作银行,通过增资扩股,改制为股份制农村商业银行,以作为试点启动此项改革。力争"十二五"期间全面完成农行社股份制农村商业银行的改革。

值得一提的是,经过多年的实践与探索,温州市区农村合作银行已逐渐走上以服务小企业为主的市场定位,其在服务对象、业务模式等方面与省内部分优质股份制银行具有较多的相似性,这也为成功实施上述股份制转型改造奠定了较为扎实的基础。

二、农村合作银行创新发展中的风险控制

1. 增强股份制改造后的银行的抗风险能力

政府和监管当局对入股股东的资格进行战略性考虑和严格的实质审查,要求其股东必须具备相当的经营能力和资本补充能力,以及善意、持久经营的主观心态,以使股份制改革后的银行不因股权的频繁变动而影响其可持续发展,避免因股东缺乏足够的资本补充能力而使银行的抗风险能力不足。从目前温州的现实经济环境和改制后的银行的发展要求来看,引进民间优质资本和合格的国外长期性战略投资者应成为主要选择,并重视在企业文化、管理理念、市场拓展、产品研发、盈利模式等领域与其进行对接,发挥资源协同效应,增强核心竞争力。

2.引导改制后的银行确立准确的市场定位

温州市区农村合作银行改制为股份制银行后,应将自身定位为一种为市域民营小企业、居民个人和地方经济发展服务的金融企业,坚持以地方性小银行的形式起步,科学实施差异化的竞争策略,积极研发和引入适合本地发展需求的金融产品和创新融资服务,立足特色产品,特色经营。只有这样,才能构筑起其他金融机构所不具有的、独特的比较优势,如信息获取优势、成本优势、专业化优势、经营灵活性优势等。通过发挥以上优势,改制后的股份制银行就可以形成自己特有的市场占有方式,在银行体系中占据有利地位。同时,在优化服务、加大对地方经济支持的前提下,政府亦应适度倾斜地方资源,以支持改制后的银行有效扩大业务量。当然,随着其实力的扩张、经营稳健程度的提高、金融综合服务能力的增强,尤其是异地分支行的经营管控能力的提升,待条件成熟时,应允许这些机构从现有的区级机构升格为市级金融机构,积极支持其实施跨区域发展战略,拓宽金融服务辐射地域,努力向区域性金融机构转变,由小银行发展为大银行,逐步打造成为具有创新能力、市场影响力和竞争力的现代股份制商业银行。

3.强化对公司治理层面的监管

合理和完善的公司治理机制,决定了商业银行的经营绩效。一方面,要使改制后的银行注重"完整性"、"合规性"的公司治理建设,即"三会一层"的架构建设和相关制度的梳理。另一方面,更应意识到,银行公司治理的核心是保证利益相关者合理诉求的"制衡机制",政府及金融管理部门坚持以透过公司治理架构外在"合规性"是否存在着相互制衡的本质为标准,督促改制后的银行通过"三会一层"确立清晰的职责边界、明确的决策规则与程序,以及有效的激励与监督机制。此外,吸取浙江省过去发展有关金融机构的教训,着重加强对关联交易的监管。从严对关联自然人、关联法人和内部人进行认定,并严格设定重大、一般关联交易等各类关联交易的审批权限。

第五节 实现温州农村金融组织创新发展的政策支持

在温州农村金融组织的创新发展进程中,除了上述自身所采取的诸多风险防范措施外,还需要政府主管及相关监管部门等一系列的政策支持。

一、监管政策支持

1. 整合地方性金融监管

探索地方政府监管农村小型和准金融机构的模式,并逐步整合监管权力,实施功能型统一监管。明确小额贷款公司、典当行、融资性担保等机构的金融属性,整合现行分散于商务、工商、小企业工作部门等多个机构的监管权力,实施归口统一监管。适时根据形势和任务需要,调整充实温州市金融办工作力量,由其负责对全市农村小型和准金融机构的统一监管。通过统一监管,以促进统筹规划,解决不同管辖权下金融组织之间的不公平竞争问题,减少多个监管者并存所带来的各种摩擦性内耗,有效落实监管责任,避免监管真空或架空,促进地方金融业运行的安全稳定。

2. 进一步调整和放松市场准入监管

温州农村金融组织的创新发展需要降低准入的门槛,但这种降低主要不是要求最低资本数量门槛的降低,而是准入对象、准入方式等方面门槛的降低,不是主要向已有的金融机构开放,而要真正向民间资本开放。且新设农村金融组织的市场准入应遵循自下而上的原则,而不应该是自上而下的行政推动的结果。即在发展温州农村金融组织时,应放弃由政府推动、主导下的"为农户、小企业而建"的准入方式,转而采取"由农户、小企业来建"的准入方式,以促进其与地方经济较好地融为一体。

3. 实施差别化监管

应考虑到农村小型和准金融机构的独特性,努力提高监管的弹性,以减轻其所面临的监管负担,避免在对此类机构的监管中出现"用铁锤打蚊子"。例如,对资本充足率水平高、不良贷款率低的机构,应减少监管检查的频率,支持其稳健发展。当然,这并不意味着单纯降低对这类机构的监管标准,而是坚持有所为有所不为,通过弹性监管措施将监管者的要求内化为机构的行为。为此,需要科学整合监管流程,合理设限,减少各种不必要的约束,以消除过度的监管负担。

二、利率政策支持

面向小企业、农户的贷款额度小、笔数多、成本高,如果贷款利率不能遵照市场原则,而是采用行政定价,放贷机构就不能用利率覆盖成本与风险升水,这些机构很难保持财务质量并持续存活。因而,实行灵活的市场利率是温州农村金融组织正常生存的必要土壤。为实现温州农村金融组织的可持续发展,应赋予其较大的贷款利率定价权,使其能够获得合理的收益。同时,农村金融组织机构小、缺乏市场认知度,导致在吸收存款上处于劣势。故需要推进农村金融组织存款利率浮动,以确保其资金来源。为此,应争取率先在温州范围的地方法人金融机构中开展利率市场化改革试点,实行定期存款浮动利率(最高可在中国人民银行公布的基准利率基础上上浮 50％),各类贷款利率可以自由浮动,由借贷双方自行议定。以地方法人金融机构灵活的市场化利率,引导民间借贷利率,加快迈出利率市场化步伐。

三、财税政策支持

农村金融组织放贷对象多为信用等级较低、风险评估较难的"三农"和小企业,对不良贷款率控制难度较大。因而有必要建立和完善小额贷款公司等农村金融组织的计提拨备和风险补偿机制。鉴于小额贷款公司服务对象的高风险性和服务农村经济所产生的社会效益,小额贷款公司的小企业贷款和涉农贷款税前全额计提拨备损失准备金。对小额贷款公司、村镇银行缴纳的所得税地方留成部分和营业税,三年内由市财政给予全额补助,充实风险拨备资金。扩大风险补偿机制覆盖面,将小额贷款公司、典当行等农村小型和准金融机构纳入小企业贷款风险补偿机制范畴,加大财政对小企业贷款和农业贷款风险补偿基金的投入。为体现政府扶持小企业、惠农扶农的政策导向,对服务"三农"和小企业贡献突出、年度考核优秀的农村金融组织,加大税费返还补助的力度,确保财政补贴政策有效落实。建立健全市级银行业机构年度业绩考评奖励制度,在对辖内银行业的业绩考评中,增加银行向小额贷款公司等农村小型和准金融机构提供融资的奖励,促进大型金融机构对农村金融组织的支持及建立业务合作机制。设立中小企业信用担保财政扶持资金,按当年担保额的 0.05％给予奖励。

四、其他政策支持

制定专门的促进地方金融发展法规,确立在现代服务业中优先发展地方金融业的方针,通过法规明确农村金融组织在温州经济发展中的战略地位,优化农村金融组织发展环境。

制定相关政策措施,促进信用评级、资产评估、会计审计和法律等金融中介服务机构加快发展,支持金融网络资讯信息服务平台建设。加强征信信息采集工作,有效整合分散在市、县各部门的企业信息资源,建立政府部门之间、政府部门与金融部门之间的信息共享机制,增强征信系统信息的覆盖面,不断完善征信系统功能。积极推进小企业和农村信用体系建设,建立适合县域微小企业特点的信用评价标准,加快农户信用档案电子化建设进程,完善信用信息征集和更新的长效机制。帮助符合条件的小额贷款公司、典当行等农村小型和准金融机构接入中国人民银行企业和个人征信系统、公民身份证联网核查系统等,方便其放贷业务的开展,以获得更多的发展机会。

对农村金融组织增设营业网点、拓展服务内容的,在工商注册、土地供给、税收减免等方面进一步简化手续,强化服务。放宽农村金融组织针对本地小企业之特定需要所进行的业务与工具创新的准入门户。推动信贷相关保险险种试点,探索更大区域内的农房流转制度,便利地方金融机构开展农房抵押贷款业务。鼓励地方金融机构采取信贷员包村服务、金融辅导员制度、"贷款＋技术"等方式,开展信贷服务方式创新。

再者,政府及相关部门要加大力度协助农村金融组织开展对不良贷款的清收,不断提高政府及相关部门为农村金融组织提供行政服务与社会公共服务的效率。

第三章　温州股权投资的发展及政策创新[①]

　　区域经济与区域金融具有较高的相关性,区域金融的协调发展可以有效引导区域经济结构调整,促进新技术、劳动力等要素的充分利用,提高产业集群的集聚和生产效率;而区域经济的繁荣与发展又为区域金融开辟新的效益增长点,提供进一步发展的平台。三十多年来温州民营经济的快速发展,与温州民间金融的支持是分不开的,近年来,温州经济发展速度放缓,金融与经济发展的不协调是个十分重要的原因。这一不协调主要表现为已有金融结构无法解决产业转型投资不足和民间资本过剩的"两难"困境。已有经验表明,拓展以股权投资为中心的直接融资渠道是协调金融经济发展,促进温州经济结构优化和转型升级的关键。

---

　　① 本章系浙江大学经济学院、浙江大学金融研究院 2010 年 8 月启动、2011 年 9 月完成的《温州市民营经济改革创新试验区若干金融发展重大问题研究》成果之三。课题总负责人:史晋川教授。课题调研中得到了浙江省人民政府金融工作办公室、温州市人民政府金融工作办公室、中国人民银行杭州中心支行、浙江省银监局、浙江省证监局、浙江省保监局等单位的大力支持,在此表示感谢! 本章执笔:栾天虹。

第一节　温州发展股权投资的背景

股权投资有利于解决温州当前经济金融面临的两难困境,促进温州经济社会的转型发展,不过当前,在温州发展股权投资也存在许多亟待解决的问题。

一、温州发展股权投资的必要性

股权投资由于专注于发掘企业的潜在价值并提供专业化的管理方式,对加快发展完善的金融市场、缓解中小企业融资难、促进温州经济转型升级意义重大。

1.温州大量的民间资本亟须引导

据不完全统计,目前温州民间流动性资本超过 6000 亿元,且以年均 14％的速度递增。因此,为大量温州资本寻找投资途径变得尤为迫切。

2.股权投资能缓解中小企业融资难的问题

通过购买成长性良好企业的股权,股权投资基金可以在企业的各个阶段,尤其是初创期介入,满足企业在不同成长阶段的融资需求。然而,间接融资的银行信贷、民间借贷、直接融资的债券等都只能满足企业在某一特定时期或阶段的融资需求。

3.股权投资的投资管理作用

通过参与管理,对企业发展战略、组织架构、管理团队、业务流程等方面进行调整改善,帮助企业降低风险,提高价值,实现上市前期的改造和重组,助推企业上市;最为重要的是,股权基金由于其在资产管理和投资中的积极作用,可以通过集聚配置、专家管理,帮助温州民间资本拥有者实现从"企业家"到"战略投资者"的角色转变。

4.股权投资的抗风险作用

股权投资以其资本运作的优势和高风险承受能力,在促进传统技术、传统产业、成熟企业的现代化改造和进行二次创业方面扮演重要角色,成为盘活存量资产、调整经济结构、促进产业整合和升级的有力方式。

二、温州发展股权投资的问题

综上所述,股权投资是解决温州产业转型投资不足和民间资本过剩"两难"困境的关键。温州无论是在政府层面还是在股权基金发展的社会层面上,都已奠定了发展股权投资的深厚基础,当前需要的工作是对已有发展进行梳理,并挖掘发展中产生的问题,然后提出具体的解决方案。从温州当前股权投资的现状来看,股权投资进一步发展,主要面临以下几个问题。

1.发展股权投资的总体框架

温州市人民政府已经着手发展股权投资,为此做了很多前期工作,例如积极推动企业上市、建立温州风险投资研究院、搭建民资运营三大投融资平台①、筹建温州对外投资联盟和温州人股权投资基金等。这些措施为温州发展股权投资、鼓励直接融资、实现金融要素集聚奠定了坚实的基础。不过,由于大多数机构和组织是新设的或尚在筹建中,所以其职能还未很好地界定,如何发展还需要筹划。只在开发区新建一只政府引导基金,并且还没有真正进入运行轨道;温州已有创投

---

① 据悉,2010年1月浙江省成为全国未上市公司股份转让的试点省,自从浙江省产权交易所股份转让试点启动以来,至2010年年底浙江已有7家企业入场。而因为温州率先在全国开始筹备这项工作,温州股权营运中心被列为浙江省开展该试点工作的唯一一个特设机构。

机构数量很多,但是呈现出缺乏管理和引导、各自为战的局面。因此,在温州发展私募股权(Private Equity)的第一个问题是:如何在整合和完善现有资源的基础上,明确发展股权投资的重点和次序,搭建股权投资发展的总体框架。

2.出资者与创投机构之间的信任问题

这是中国创投业普遍面临的问题,在温州表现更为明显。其主要原因首先是温州人一直沿袭着更信任温州人的思维惯式;其次是大多温州资本持有者都自己做过实业,不相信创投机构的管理和决策,更倾向于干涉创投机构的管理;再次,国外有限合伙人以机构投资者为主,国内以个人为主,个人更喜欢参与决策管理甚至取代一般合伙人;最后,更为重要的原因是,当前创投业缺乏监督制衡的治理机制,道德风险较大,使出资人难以信任创投机构。因此,如何在基金与出资者之间构建信任机制,可能是发展股权投资的关键问题之一。

3.创业投资倾向于企业后期

本来应投资于早期企业的风险投资开始倾向私募股权投资的中晚期企业,早期投资不能满足市场需求。股权投资基金在首次公开募股(Initial Public Offerings,IPO)退出时,能够获得的回报率是境外市场的3倍多。高回报使得股权投资机构在寻找投资企业时,能否在短期内上市成了选择标准,这就导致早期的、具有成长潜力、符合转型升级发展要求的企业得不到资金,或者造成创投机构浮躁过热,急于短期套利。温州要通过股权投资实现经济转型升级,是否能有效鼓励和引导股权投资基金投资早期的、符合转型升级要求的企业十分关键。

第二节　以引导基金促进投资基金的合作

为加快转型升级步伐,发挥政府资金的杠杆和引导作用,温州市政府应分别建立配合产业间和产业内转型升级(民间资本涉足高新技术产业及金融业和传统产业的整合升级)的政府引导基金,并在此基础上,积极促成"引导基金＋本地创投＋民间资本＋知名创投"的合作模式,既能有效整合温州民间资本,又可以有效促进温州的转型升级。

一、创立功能互补的引导基金

为明确不同的引导作用,可以考虑建立三个不同功能的引导基金,例如创业投资引导基金、并购重组引导基金和股权投资引导基金。在建立三个基金的同时,政府要推动温州形成以其为中心的基金集聚区,实现金融带动城市发展战略。基本框架如下:一是以开发区创投引导基金为中心的开发区创投基金集聚区;二是以股权投资引导基金为中心的滨江区财富管理中心;三是以并购重组引导基金为中心的乐清产业投资基金集聚区。

1. 创投引导基金

温州产业间转型的关键之一是高科技产业的发展,温州市人民政府可以利用新设的开发区政府创业投资引导基金[①],在开发区形成以创业投资引导基金为核心的创业投资基金集聚区,大力扶持中小科技创新企业的发展。

---

① 这是温州第一个政府引导基金,基金总规模为 5 亿元人民币,首期规模 1 亿元人民币。

为有效发挥引导基金的政策性引导作用，要对引导基金的投资企业、基金和投资行业作一界定。(1)由于创投业普遍倾向于投资中晚期企业，尤其是即将上市的企业，所以引导基金应该将鼓励和扶持的目标定位于早期中小创新企业。针对不同发展阶段的企业或者投资企业不同阶段的基金给予不同的入股和跟投政策，重点投资种子期、成长期的科技成果创新转化项目和处于初创期的中小高新技术企业，承担开发区产业孵化、科技项目引进和高科技人才引进。(2)引导基金应重点投资于太阳能、船舶制造、机电一体、生物制药、半导体照明、液晶显示等新能源、高新技术产业。(3)加强与高科技企业孵化器的合作。科技企业孵化器是促进科技成果转化、培育民营科技型企业的有效途径，是推进高新技术产业化的有效载体。高科技企业孵化器要对在孵企业进行日常管理，并时常关注在孵企业的成长过程，对企业有一定的了解。与高科技企业孵化器的合作，有助于减少银行、企业、创投之间的信息不对称。(4)通过新建、合作、入股、合资等形式，形成为科技企业种子期、初创期、成长期等不同成长阶段投资的基金合作联盟或创投集团。

2.并购重组引导基金

在乐清构建以并购重组引导基金为核心，通过建立、合资和合作等形式形成多种产业投资基金聚集的产业投资集聚区。并购重组引导基金主要以推动产业整合为目标，引入到对温州产业集群和传统产业的整合、重组和升级。(1)培育龙头企业。温州区域经济特色是有代表性的工业产业集群，要实现产业升级，需要通过集群龙头企业，拉动整个集群融入全球产业链，为此，政府并购重组引导基金应该大力培育集群龙头企业，扶持已有集群大企业进行做强做大，推进有条件的集群大企业上市。(2)培育具有核心竞争力的国际性产业集群。对于已经突破加工制造优势的电气、鞋革、服装产业集群，要利用并购重组引导基金通过重组和整合方式,着力将其培育成具有核心竞争力的国际性产业集群。(3)对于在产品、零部件、专业化加工环节或资源禀赋等方面具有专业化优势与发展潜力的汽摩配、泵阀、印刷包装、专用设备、临港石化等产业集群,利用并购重组引导基金促使其积极融入国际性产业集群或挤入跨国公司全球制造体系,成为国际性产业集群的重要组成部分。(4)针对传统产业,抓住现阶段的困境,整合过剩产能,优化产业组合,下决心淘汰掉一批高污染、高能耗、低附加值的企业,利用并购重组引导基金鼓励企业进行重组,做大做强。

并购重组引导基金通过新建、合作、入股、合资等形式,在温州各个产业集聚区形成为该集群企业提供并购、重组、产业整合服务的一系列专业化产业投资基金合作联盟或创投集团。与创投引导基金相同,为引导股权投资基金致力于温州市的产业转型和升级,可以规定引导基金跟投、入股的基金必须有一定比例——例如50%,不必要求100%——投资于温州本地企业。

3.股权投资引导基金

与前两个引导基金有明确产业发展目标不同,股权投资引导基金的作用体现在对民间资本投资的引导和做好创投机构的增值服务等方面。(1)联合温州对外投资联盟[①],在帮助温州民营资本寻找投资途径的过程中,起到引导和营销的作用。改变温州以前分散投资、缺乏专家管理的局面。(2)建立母基金管理平台,引导基金通过与国内外大型金融机构和创投机构合作,探索建立母基金,并在全球范围

---

① 温州中小企业促进会正牵头组建温商对外投资联盟,旗下将包括各类独立运行的私募基金,委托专家进行对外投资。温州对外投资联盟是为企业和机构提供 VC、PE、FOF(母基金)资金募集,未上市企业股权交易、上市公司股权交易、企业定向增发、资产重组,资产管理、债券融资、产业转移等一站式专业服务商。

内招募创投管理者,助推温州民营资本投资。(3)构建基金产业链,增强创投基金的增值服务。利用滨江区正在建设成为温州新"金融中心"的契机,该项引导基金不仅要发挥资金的引导作用,还应协助温州市人民政府完成将滨江区打造成温州财富管理中心的目标,为此,应加强与银行、信托、保险、证券、担保及其他中介机构的合作,打造为股权投资基金提供一系列融资及中介服务的基金产业链。

二、引导基金运作机制探讨

为有效运作引导基金,应就引导基金的运营作出详细的规定,出台基金运作细则。以下我们就几个关键的运作机制进行探讨。

1. 扩大基金规模与增加可持续性

根据股权投资的发展,对引导基金的资金来源做好长期规划。一方面增加资金来源渠道,按不同的风险、收益和流动性组合引导社保资金、政策性银行、保险公司、商业银行、证券公司、国有企业等资金进入,壮大政府引导基金的规模;另一方面建立基金补偿机制,保证基金来源的可持续性。

2. 放松投资限制与包容失败

各地引导基金由于在资金使用上往往带有很强的地方政策性色彩,所以对入股创业投资基金都有很多约束条件,例如投资地域、行业等方面的要求,出现择地不择优,不利于吸引和培养优秀的投资管理公司,也导致引导基金形成所谓"响三枪开始蜗居"的局面,资金得不到有效利用。为避免这一现象的出现,温州引导基金应该略放宽对创投基金投资的限制,例如降低限制比例,按照"不求所有、但求所在、力求所用"的原则,不断完善基金引进政策,例如只要求创投基金注册地在温州等。

创投基金与引导基金另一个较大的分歧在于利益诉求。政府出于财政出资考虑,以资本安全为先,而创投机构追求更高的投资回报,导致投资出现"利益共享但风险不共担"的局面。考虑到政府引导基金的建立旨在引导社会资本进入那些商业性资金不愿进入的、具有高风险和高成长性的高新技术领域,具有较高风险,所以应允许引导基金"包容失败"。具体操作上,可以考虑在政府财政每年无偿支援中小企业发展的资金中拿出一部分,建立风险补偿金,作为引导基金"包容失败"的基金。

3.灵活选择运营模式与强化监管

为发展本地创投业,各地纷纷建立了政府引导基金,从各地引导基金实践来看,主要形成了苏州模式、北京模式和天津模式三种运营模式,分别代表政府主导模式、商业化运作模式和混合模式。

三种运营模式各有利弊。完全政府主导,即国有独资的或者国有控股的创业投资公司有三个方面的问题难以解决:(1)难以建立起与创业投资相适应的业绩激励机制。创业投资是一种长期的投资,需要建立一种业绩激励机制,可是国有控股公司往往由政府公务员做管理人员,按照国家公务员的管理条例来取得公司的微薄收入,缺乏激励。(2)国有独资的创业投资公司很难建立适应的风险控制机制。(3)国有控股难以发挥财政基金的杠杆作用,不能更好地吸引社会基金加入到创业投资领域中去。以商业化的公司方式来运作虽然解决了投资人出资基金的运作和行使创业投资股东权益的问题,但是伴随着按照商业化的原则运作,引导基金最后就沦为商业性的投资基金,以盈利为目的,置国家政策性目标于不顾。混合运营可能是利弊兼具的,更重要的是,有时候目标可能会混淆,容易造成引导基金的机会主义行为。

为此,温州市人民政府可以根据引导基金的投资目标和任务,灵活运用以上三种不同运营模式,例如:创业投资和并购重组引导基金可以偏向采用政府主导和混合模式,保证引导基金的投资方向和扶持作用;对于股权投资引导基金,则可以采取市场化运作模式。

为避免政府资金面临道德风险问题,应做好基金运作的权力制衡。例如,如果将引导基金委托给专业的管理公司经营,政府应成立监管机构,将资金委托给银行进行托管,财政部门作为创业投资引导基金的财务监管部门,对创业投资引导基金预算进行审查和监督,检查创业投资引导基金资金使用。

三、积极推动合作模式的扩展

引导基金可以通过新建、合作、入股、合资等形式与本地创投企业合作,积极引进国内外知名创投,搭建更多类似于温州人股权基金的"引导基金＋本地创投企业＋民间资本＋知名创投"的合作模式。

1.积极探索各种合作模式

在已有合作模式的基础上,可以考虑扩展合作模式,包括增加拓展合作基金的范围及加强与国际知名创投机构的合作,在市场化合作基金运作的基础上,可以探索更多入股形式和收益回报模式,在保证创投机构激励的基础上,达到促进温州转型升级的目的。

2.加强机构间合作与构建融资平台

引导基金要与银行、担保、信托、保险、创投等机构建立长期合作关系,强化投贷合作。为此,引导基金首先应积极推进银行、担保与创投机构的合作,建立信息互动机制,对已经引进创投股权投资的科技型和现代中小企业,联合银行和担保机构开展投贷联动;对已经获得贷款的科技型和现代中小企业,由银行筛选具有股权融资需求的客户,优先推荐给联盟内的投资机构,开展投贷联动。根据企业不同发展阶段的不同融资需求,安排不同阶段的投贷组合,引导基金在跟投和入股投资的同时,充分鼓励银行、创投基金以及并购基金等在企业的不同发展阶段展开合作。

对于创业投资发展程度不同的地区,可尝试不同的运作模式:对创业投资发展处于初期阶段的地区,可引入"补偿基金+股权投资"的模式,快速启动引导基金,尝试引导社会资本进入创业投资领域;对创业投资发展处于成长阶段的地区,当创业投资企业有一定实力并能进行资本经营时,可通过引入"引导基金+担保机构"的模式打造融资平台,扩大融资规模,加速创业投资的发展。

3.资金引导与服务引导

改变已有政府引导基金只做资金引导的局面,扩展引导基金的引导范围。我们认为,引导基金的引导作用可以表现为以下三个方面:(1)资金的引导。即通过已有的方式,对创业企业和创投基金进行阶段入股和跟进投资。(2)信息引导。引导基金可以利用政府资源和熟悉本地情况等优势,通过已有项目和寻找新项目等途径,建立一个备选的项目库,然后通过提供项目信息服务,与其他创投基金共同合作、入股等方式对项目进行投资。(3)咨询等服务引导。外地基金管理公司对温州本地政策、产业、企业和项目情况了解较少,引导基金可以在为基金管理公司提供咨询服务方面扩展其服务范围。(4)融资担保服务。正如上面提到的,引导基金可以加强与其他金融机构的合作,为投资不同阶段的创投基金提供不同的融资和担保服务。

第三节　探索建立母基金

"引导基金+本地创投+民间资本+知名创投"的模式虽然可以发挥集中民间资本的作用,不过,由于缺乏持续性,无法满足长期的融资和投资需要。为此,温州市人民政府可以考虑建立母基金。在欧美国家,创投和私募基金多数来自专业母基金,真正来自企业家甚至个人的资金比例并不大。温州市人民政府正在筹建一个采用有限合伙形式的"温州人股权投资基金",从事创业投资、股权投资、企业兼并重组投资和基础设施投资等实业投资①。本课题组认为,市政府可以借此时机,扩大基金规模,将其建成母基金,由政府股权投资引导基金投入一定比例的资金,然后寻找国内外知名基金管理人进行管理运作,以吸纳温州民间资本为主,并鼓励国内外创投机构的投资。

一、母基金建立的可行性

1.基金建立的基础

从当前经济发展的情况来看,温州已经具备发展母基金的条件:(1)温州民间资本量巨大,流动性资本超过6000亿元,完全具备支撑母基金的规模;(2)大量的民间游资需要投资渠道和引导,母基金有必要在此发挥作用;(3)在具备客观可行性和必要性的同时,监管层也愿意以一种合规合法的形式,引导民间资本游资,并应用于区域经济发展和转型。

2.基金的功能和效应

从温州创投业发展的实践来看,建立股权投资母基金具有以下几个优势:(1)由于母基金只投资子基金,并不直接投资创投企业或项目,在一定意义上,分离了投资者与创投企业管理的直接联系,从

————————————

① 据有关部门透露,"温州人股权投资基金"资金规模30亿元,分几期募集。一般每期基金规模5亿元,其中由市财务开发公司代表市政府作为有限合伙人认缴出资5000万元,基金管理公司作为普通合伙人认缴出资1000万元,其他有限合伙人认缴出资4.4亿元。以后各期认缴比例同首期认缴比例。基金的资金由托管银行进行托管,以保证资金安全。首期募集的资金主要以境内人民币资金为主。

而可以减少在温州创投业普遍存在的投资者干预管理的现象[①];(2)通过募集大量投资者的出资,可以尽量分散股权,降低出资人干预管理的主观意愿;(3)由于母基金由政府引导基金出面发起设立,可以解决温州创投业存在的信任不足问题[②],更充分地吸纳大量的民间资本;(4)实现资本集中,便利中小资本投资。母基金不仅可以吸收大型机构投资者的资本,同样也可以吸收中小投资者的小额资本,从而有效实现资本集中。另外,优秀业绩的私募股权投资基金都设有较高的最低投资金额限制,对于中小投资者来说,这无疑阻挡了其投资的可能。而母基金却可以将若干中小投资者的资金集结组成一支基金,对私募股权投资基金进行投资,使其有机会参与那些只有大型机构投资者才有资格进入的私募基金。

二、母基金的机制设计

从形式上,由于母基金并不直接投资企业项目、股票或债券,其投资范围仅限于子基金,这就隔离了投资者和创投管理,可以减少投资者直接参与管理。但是由于出资人对母基金的运作模式不了解,最初的投资信任难以建立(因为委托链条的拉长,只减少了事后投资者的干涉,却难以建立起事前投资者对基金本身的实质信任)。

因此,要增进投资者对母基金及其投资的股权基金的信任,应对基金的具体机制作出一定的设计和考虑。

1.基金的募集与规模

要实现母基金吸收更多中小投资者的资金、分散股权的作用,在

---

① 东海创投公司由佑利集团、民扬集团、环宇集团等八家乐清民营企业、一位乐清籍自然人张建文和北京杰思汉能资产管理有限公司组建成立,后因温州投资方与基金管理方发生经营理念分歧而解散。

② 温州现有创投机构很多,但是很多创投机构尤其是外来创投机构面临的最大难题是难以获得温州人的信任,从而很难获得投资。

当前的法律框架下,出资者人数限制问题亟待解决。根据我国 2006 年修订的《合伙企业法》规定,有限合伙企业的合伙人数最高不得超过 50 人;2005 年新修订的《公司法》规定,有限责任公司股东人数最多不得超过 50 人。因此,母基金只要采取私募形式,无论采取有限合伙还是有限责任公司形式,都会存在出资者人数限制的问题。为此,我们考虑母基金可以尝试通过信托公司设立集合信托,然后以信托财产作为合格出资人加入有限合伙的股权基金,也可以民事信托的方式。这样在一定程度上可以绕开出资者人数限制,达到分散股权、吸引大量中小资本的目的。

从温州经济发展情况来看,母基金规模应该不少于 90 亿元,可分三期募集,既可以满足基金的总规模,又可以给基金募集一定的时间,更为重要的是,分期募集便于对基金按照不同的期别进行分类投资。

2.基金的收益率与投资者的预期回报

要解决温州项目投资收益率,即基金投资的收益率与投资者预期回报之间的落差问题,增加投资者对基金的投资,一方面温州市人民政府应大力做好招商引资,引进更多好项目和先进技术,创造更高的回报;另一方面,温州市人民政府应避免对基金收益率进行一刀切的规定。就当前的母基金而言,我们认为可以有三种方法解决这一问题,即通过投资者的自选择,根据自身类型选择基金,进而确定投资回报率。(1)考虑将三期基金分别投资于不同的方向。例如,第一期基金主要投资于政府公共事业,建学校、医院等(风险最低、收益也较低);第二期投资于修建公路、高铁等(风险中等、收益中等);第三期基金主要用于风险投资(高风险、高收益)。通过方向的分类,不仅有利于基金本身风险的判定和定价,更有利于投资者进行选择,吸引不同类型投资者的加入。(2)根据财富管理理论,拥有不同规模资本的投资者对其投资的预期回报是不同的,往往小额资金更看重回报率的高低;中等资本规模对回报率的要求会降低,更看重资本的增值保值;资本额更大时,其关注的则是系统的财富管理。为此,我们可以根据资本额的规模对投资者进行分类,也是对其预期回报率的分类,然后根据资金的来源确定资金的投资方向,也就锁定了基金的收益率,满足不同投资者的不同投资回报要求。(3)投资补偿机制的设计(我们将在接下来第 5 点"基金的投资回收年限与回报率"里面做详细阐述)。

3.基金的激励机制

为有效激励基金管理团队,在基金合约中可以对利润分成进行规定,例如除了对管理团队一般意义上的利润分成奖励外,在基金清算时,可以将一定比例的投资红利额外奖励给基金管理团队,其他部分再在基金各投资方之间按出资比例进行分配,增强对基金管理团队的激励。

股权投资,尤其是创业投资,存在很大的不确定性,基金管理人又拥有重大决策权,因此,如何约束和考核基金管理团队是个难题。但不能仅基于一个项目的成败简单作出考核,为此,对基金管理团队的考核需要一个较长的时间,为保证出资者的资金安全,约束管理团队的道德风险,可以在合约中达成一定的约定,用于约束基金管理团队。具体包括:(1)资金专项管理。即在创投投资中,进行明确分工。专业管理公司独立负责项目的论证、投资、管理并实施套现。银行作为托管机构,根据管理公司项目投资计划和政府监管部门的指令,将资金划到指定的项目公司账上。管理公司一般无法直接接触到全额大宗的委托款项,则可有效防范可能出现的问题。(2)在合约中对投资的流程、决策机制、期限与有限合伙人违约规定作出详细规定,并利用报告制度等对投资过程控制代理成本。其中,投资分析报告制,即基金管理者对其投资过程(包括项目或基金选择、投资管理、项目退出等重大投资决策)进行详尽分析和报告,作为备案待查。这样一方面可以起到在投资过程中约束管理团队的作用,另一方面也可以作为出资者评价管理团队尽职与否的一个依据。

4.基金的增信机制

对基金而言,良好的信誉是吸引投资者、募集资金的关键。在温州,首先可以通过建立基金信誉机制增加投资者对创投基金的信任。因为很多创投基金在温州和国内已有多年的投资经历,所以可以考虑通过业绩积累机制,对基金经理人作出简单的评价。从长远来看,可按国际标准,建立和形成风险投资基金与经理人的信用评估和绩效体系,为投资基金提供增值服务,使创投资金向优秀经理人集中。良好的信用评估体系在促进基金业的健康发展、建立投资者对基金的信任等方面都具有十分重要的作用。

其次,可以利用人缘关系。温州存在更信任本地人的文化根基,母基金可以利用这一点,请一些知名的温州商人(包括本地创业的和在外创业的)出任母基金的管理者或者理事,也可以考虑在母基金内部成立一个温州投资产业咨询顾问团,由温州当地知名商人或者大投资者组成。这样一方面可以为基金的投资提供温州产业方面的专业性建议,更为重要的是,可以充分发挥资本投资的人缘和示范作用。

5.基金的投资回收年限与回报率

一般来讲,母基金投资回收期需要"10＋2"年,或者"10＋1"年,这对于一般的投资者来讲太长。大多数投资者的心态都追求短期的回报,不希望投资周期过长。因此,如何合理缩短投资回收年限就十分重要。另一个问题是,创业投资各个阶段投资回报率不平衡,使大量基金将资金投向 IPO 前期企业,而早期创业企业和项目难以获得资金。

我们认为通过投资补偿机制的设计(图 3-1)可以在一定程度上

缓解以上两个问题。例如针对投资于创投基金的投资,母基金可以通过自身的影响(或者由政府出面主导),在子基金之间及其与其他基金之间建立一种接力式的投资补偿机制。合理投资补偿机制的存在不仅有利于创投资本的退出,平衡创业企业各个阶段投资基金的回报率,而且有利于形成一种良性的循环投资机制,缩短基金在一个项目中的投资回收年限。具体可以通过以下几种措施便利这种补偿机制的建立:(1)通过建立投资人会所、宣传、政策鼓励等措施,加强三个层级创投资本家之间的沟通和交流,畅通投资人之间的信息交流和感情交流,强化投资的信息披露,从外部加强信息在各层级投资人之间的传播;(2)在创业企业的投资初期就由政府、引导基金、母

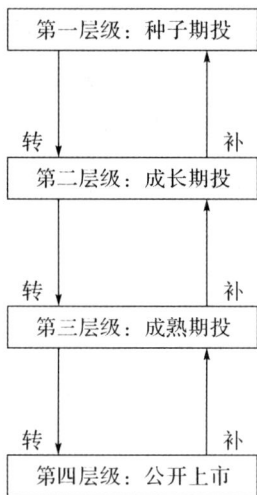

图 3-1　接力式退出的投资补偿机制

基金、子基金、参投基金等对事后的投资期限、补偿比例进行协商,通过出台一些规定,建立一个事前补偿机制,并就一些事项做好事后的调整,强化对投资者的约束,即强化转让和补偿合同的执行。

另外,母基金在挑选子基金或者创投机构的时候,可以就回收年限问题进行谈判,设计适合温州特色的投资回收机制,缩短投资年限。

第四节 市政融资方式探索

2010年4月20日，自银监会对地方融资信贷渠道规模暴涨发出风险警示后，《国务院关于加强地方政府融资平台公司管理有关问题的通知》（国发〔2010〕19号）和国家财政部、发改委、人民银行、银监会四部门联合下发的《关于贯彻〈国务院关于加强地方政府融资平台公司管理有关问题的通知〉相关事项的通知》（财预〔2010〕412号）相继出台。在这样的政策背景下，正确合理地探索温州政府的市政融资途径显得尤为重要。

一、融资方式

在我国当前的法律框架下，市政建设融资主要可以通过债券和信托两种方式进行。

就发行债券而言，由于《预算法》规定地方政府不能自主发行债券，因此，我国并没有真正的市政债券，主要是通过两种变通方式发行：一是地方政府组建的投融资平台公司发行的债券，即城投债[①]；二是由财政部代理地方政府发行然后再转贷给地方政府使用的"再转债"。这两种方式发行的债券在一定意义上都具有市政债券的性质，是我国的准市政债券。

市政发行信托主要有两种渠道，一是信托公司自有渠道发行集合理财类信托产品；二是银信类城投产品。信托融资可以通过贷款

[①] 市政项目建设债券品种正式推出。我国第一支市政项目建设债券品种于2010年8月27日正式面世，到2011年3月为止，已有12支市政项目建设债券发行。市政项目建设债是主管部门在其近年来核准的城投债的基础上，根据该类债券资金用于市政建设特点有选择地推出的。

或者股权等形式注入城投开发公司。

二、融资方式比较

以上四种不同的融资方式,在发行成本、规模、难易等方面存在差异。

1. 发行难易比较

债券门槛明显比信托要高,尤其是"再转债",在资金分配上,还具有明显的政策导向性,主要偏向于中西部不发达地区。城投债①的问题主要出在担保上,根据国发〔2010〕19 号和财预〔2010〕412 号文,以地方财政作为担保来帮助地方融资平台融资已在明令禁止之列。要成功发行城投债,必须满足三个条件:一是城投类企业发债募集资金所投向的基建项目,最好签订应收账款等比较安全的担保协议;二是发债主体评级必须达到 AA$^-$,债项评级必须达到 AA$^+$ 以上;三是不涉及互保、连环保。

---

① 现行企业债券发行由原来的先核定规模、后核准发行两个环节,简化为直接核准发行一个环节。我国境内注册登记的具有法人资格的企业申请发行企业债券,应按有关规定编制公开发行企业(公司)债券申请材料,报国家发改委核准。国家发改委自受理申请之日起三个月内(发行人及主承销商根据反馈意见补充和修改申报材料的时间除外)作出核准或者不予核准的决定。

企业公开发行企业债券应符合七个条件:第一,股份有限公司的净资产不低于人民币 3000 万元,有限责任公司和其他类型企业的净资产不低于人民币 6000 万元。第二,累计债券余额不超过企业净资产(不包括少数股东权益)的 40%。第三,最近三年可分配利润(净利润)足以支付企业债券一年的利息。第四,筹集资金的投向符合国家产业政策和行业发展方向,所需相关手续齐全。用于固定资产投资项目的,应符合固定资产投资项目资本金制度的要求,原则上累计发行额不得超过该项目总投资的 60%;用于收购产权(股权)的,比照该比例执行;用于调整债务结构的,不受该比例限制,但企业应提供银行同意以债还贷的证明;用于补充营运资金的,不超过发债总额的 20%。第五,债券的利率由企业根据市场情况确定,但不得超过国务院限定的利率水平。第六,已发行的企业债券或者其他债务未处于违约或者延迟支付本息的状态。第七,最近三年没有重大违法违规行为。

当前,银信类城投信托产品,不仅要总行批复同意,还要先到银监会备案报批,难度也有所增加。

2. 发行期限与规模比较

"再转债"一般多为三年期债券,与城镇基础设施建设周期较长不匹配,且规模有限,无法满足地方融资需求;城投债期限可高于"再转债",但也有额度限制;城投类信托产品期限在 3~5 年,比城投债更短①,信托公司自有渠道发行集合理财类信托产品,产品规模基本不超过 2 亿元,且最低认购额度在 100 万元以上;银信类城投产品,规模通常超过 10 亿元,通过银行渠道发行,最低认购额度只有 1 万~5 万元。

3. 发行成本比较

信托类要高于债券类。对信托公司而言,发行城投类信托产品无疑是新的"创收源"。据悉,信托公司替一家城投公司发行信托产品,一般会收取 1%~2% 的财务顾问佣金与 1%~2% 的信托产品发行佣金,规模若超过 10 亿元,也能收到 3% 的综合费用。

第五节　发展股权投资的配套措施

要尽快在温州发展私募股权投资基金,并带动城市的发展,除了大力发展政府引导基金和股权投资基金外,市委市政府还应不断完善股权投资基金发展所需的配套制度和措施。

一、大力发展多层次资本市场

股权投资能实现多大的增值取决于其是否能有效退出,为此,退

---

① 采用股权方式投资政府市政开发公司的信托融资计划中,可能不受期限的限制。

出渠道是否畅通对于股权投资来说尤其重要。成功的退出不仅对投资者而言是事后有效，更为重要的是可以形成事前的投资激励。大力发展多层次资本市场，是鼓励股权投资基金发展的重要配套措施。

1. 全面推进企业上市

2010年10月，温州金融办工作方案中的《温州关于加快温州地方资本市场发展的实施意见》（征求意见稿）就企业上市提出了很多可实施的鼓励措施，对鼓励推进温州企业上市具有十分重要的作用。本课题组就个别问题略做补充。(1)鼓励优质上市公司通过多种方式扩大再融资规模，通过资本市场并购重组，做大做强，促进上市公司行业整合和产业升级，切实保证募集资金能够有效用于产业结构优化升级的项目。(2)有目标性地鼓励企业上市，例如优先推动高新技术产业、现代装备制造业、现代服务业以及海洋经济领域的民营企业上市融资，优先推动由创投机构投入的企业上市等。(3)分层次对上市企业进行排队整合，按照主板、创业板、中小板和海外等不同层次，给予不同的优惠待遇。为准上市企业与基金搭桥，利用基金助推企业上市，推动一批中小高新企业在创业板上市。(4)引导证券公司、基金和银行等进入重组和兼并服务领域，疏通国内外上市通道。

2. 完善壮大股权营运中心

今年由温州市公共资源交易中心、温州市工商局、温州市财政局共同出资设立的股权营运中心，旨在为非上市公司产权流通提供交易平台，便利股权投资基金的退出。但股权营运中心自挂牌以来，没有得到温州资本的热切回应。为此，如何使温州股权营运中心摆脱以往产权交易所面临的局面，真正成为联结民间资本和非上市公司之间的桥梁、股权投资的项目资源库和退出渠道，是股权营运中心接下来能否健康发展的关键。(1)打造创业板市场的温州区块。利用温州民间资金雄厚、准上市企业较多等优势，温州市人民政府应通过各种资源,在取得省政府支持的前提下,积极探索与深圳交易所的合作,抓住创业板将扩展与地方产权交易市场合作的时机,争取将温州股权营运中心打造成创业板的温州区块。(2)建立温州三板市场。股权营运中心应该凭借其作为全省未上市公司股份转让试点的唯一特设机构的优势,争取市政府、省政府的各方面支持,加强与上海和深圳交易所的沟通和合作,争取在温州建立三板市场,为成员企业上市建立绿色通道。(3)完善股权营运中心的服务。吸引未上市公司和投资者到股权营运中心进行产权交易的关键是股权营运中心所能提供的服务类型。相关服务应该包括技术、信息、评估、咨询等各方面。加强与政府相关部门、行业协会、创投机构、担保机构等的合作,将项目对接地、信息发布地等交由股权营运中心,引进先进中介服务机构,提升股权营运中心资产评估、咨询、财务等中介服务的质量。(4)增加交易品种。组建包括非上市股份公司的股权、科技成果、专利、非专利技术、担保企业股权、银行债权等交易平台。政府监管部门可以适度放松管制,允许一些新的证券交易品种和交易方式进入市场。允许高技术企业发行债券、可转换债券、商业票据,允许进行高技术企业贷款证券化试点,允许这些证券在场内交易等。(5)出台税收优惠政策,鼓励非上市公司进入营运中心进行交易。给予进入平台交易的企业一定的税费及融资优惠,如免征股权交易的营业税及所得税,或至少返还税收中地方留存部分、免征股权交易的印花税等。

3.充分培育债券市场

以市场为导向,根据温州经济发展特点,抓住有利的经济和金融形势,引导培育多层次的发债主体,加强债券产品创新,完善债券市场结构,通过加强市场基础性建设,提高政府职能监管效率与市场自律管理能力,分层次、有步骤地发展温州债券市场。争取形成多层次的发债主体,满足市政府、民营企业、大型企业、中小企业的融资需求。实现短期融资券、市政债券、企业债券、中小企业集合债券、公司债券、中期票据、金融债、资产支持证券等债券产品的合理发展,形成产品种类丰富、有产品创新能力的债券市场。在继续支持大企业、基础设施项目债券融资时,也要充分利用国家提出"稳步扩大中小企业集合债的发行规模"的有利时机,力争在民营企业发行集合债方面有创新和突破。另外,利用债券市场加强市政债券流动性,提高政府融资能力。

二、促进投资基金中介服务机构发展

中介服务机构在创投等股权投资活动中发挥着重要的桥梁作用,是金融市场上不可缺少的一支服务力量。

1.培养和引进中介服务机构

在充分发挥已有会计和审计等中介机构作用的同时,着力引进外部知名的中介组织,尤其要加强会计和审计功能,提供知识产权保护和评估服务,提供尽职调查和投资者保护服务。充分利用国内外中介机构的良好信誉,在帮助本地中介机构成长的同时,提高基金中介的服务质量,建立基金信誉。

2.完善担保和信托服务

通过提供多种形式的担保等融资服务,提高基金的资信和融资能力,结合多种融资方式,拓宽被投资企业的融资途径。政府可利用自身信誉,针对中小科技企业建立效仿"桥隧模式"、"路衢模式"的融资方式,充分调动担保和银行等多种融资途径,共同为创业投资企业提供优惠贷款和权益融资担保。例如设立"创业融资扶持计划",初期可以市内较好的十家创业投资企业作为服务对象试点。在充分利用母基金和政府投资引导基金进行初期投资和入股以后,根据其资本情况和投资情况,提供一定比例的优惠贷款,并视情况为这些创业投资企业的长期融资(例如长期债券与参与型证券筹资)提供担保。这样更有利于吸引其他创投机构的投资。美国政府的做法是:长期债券自然产生的定期利息由政府代为支付,创业投资企业可将其资金继续用于对风险企业的长期性资本投资,等待风险企业成长盈利后在最佳时机收回投资,获取资本增值,然后再向政府偿还代付利息,并一次性支付给政府10%左右的收益分成。

3.加强对中介机构的监管

政府应建立并逐步完善对中介机构的管理和监督体系。在投资基金中介机构的准入阶段严格把关,对中介机构从业人员的主体资格加以限制,制定相关的标准,符合标准的才可以进入该领域;严格按照规定的审批程序进行审查,把不合格的中介机构挡在门外,从源头上保障中介机构运行的安全性。鼓励有序竞争,完善市场;用行业统一标准加强质量管理,重点检查中介服务机构出具的资产报告、评估报告和法律意见书等,并建立专项检查制度、推行巡回检查制度,以规范社会中介服务工作;建立中介服务机构信息档案,记录中介服务机构的基本情况、开展业务情况、质量情况,并以此为依据进行从业资格评审。

三、扶持各类基金的发展壮大

1.引入外地知名创投机构

积极引进国内外知名风险投资及其他资产管理机构在温州建立分支机构,按照"不求所有、但求所在、力求所用"的原则,不断完善基金管理机构引进政策,例如只要求创投基金注册地在温州等。充分利用国际创业投资资本向中国转移的机遇,积极引导国外政府和企业创业投资资金进入温州市创业投资市场。这样既能有效利用其灵活的运作方式和国际化视角,协助温州高新企业快速发展;又可促使本土风投公司提高其自身的素质和竞争力。为此,要尽快出台包括落户温州的奖励资金、人员安置还有经营场所等方面鼓励在内的政策和优惠措施。

另外,要努力提供各种优惠政策与措施,积极鼓励本土风投和国际风投合作,组建中外合资风险投资管理公司或中外合资风险投资基金,充分发挥本地创业投资机构熟悉环境和外地创业投资机构投资理念成熟的优势。积极打造高成长性项目的展示平台,尽早设立平行投资基金或"政府+企业+民间资本+海外资本"的合作基金。

2.培育和鼓励本地创投机构的建立

引导基金应放宽对所投资的创业投资公司的资格要求,大力支持本土创业投资机构的发展,引导基金中应有一定比例的资金投资本土创业投资(私募股权投资)公司和种子期项目,并且逐步增加支持本土创投资金和种子期项目的比重。

在引入外地知名创投机构的同时,拓宽资金来源渠道,鼓励本地企业和资本创立创投机构。

(1)放松资金进入限制,允许和鼓励部分社保、保险、证券、银行等机构按不同风险等级进入产业投资基金和创业投资领域。

(2)打通民间资本进入通道。充分利用温州市民间资本充裕的优势,利用有限合伙等新形式推进强强联合,争取培育一批规模大、效益好的民营创业投资企业。

(3)降低投资基金进入门槛,放松对科技含量的要求,鼓励企业设立股权投资基金;鼓励企业利用自有资金建立创投基金,允许企业的创投子公司在符合政府创投标准条件的前提下,享受各项优惠政策。

(4)建立信托型阳光私募基金,包括组合股权投资基金、集合债券基金、兼有股权投资和债权融资功能的混合基金,兼并和重组基金等,形成基金中的基金,支持股权投资基金的发展。

3.研究建立中小企业信用保证基金

中小企业融资问题不可能依赖某一种融资方式而得到解决,本课题组认为,要帮助大量温州中小企业解决融资问题,市政府还可仿效我国台湾地区,设立中小企业信用保证基金。从以往来看,为解决中小企业融资担保问题,2004年温州出台了《温州市中小企业信用担保财政扶持资金使用管理暂行办法》。其中规定,从2004年开始到2008年,政府每年安排一定的资金,扶持中小企业信用担保机构。2009年8月,温州市经贸委、温州银行和9家担保公司组成的温州联盟信用担保中心有限公司,共同搭建了温州市中小企业贷款担保平台。这一担保方法在很大程度上解决了一部分中小企业融资问题,不过,由于组织和安排是临时的,没有可持续性,所以需要每隔一段时间出台相应的政策来延续,存在融资担保的间断性、政策的不连续性和不一致性。

建立中小企业信用保证基金,可以给予中小企业融资担保以持续性的资金担保支持,再配以其他担保融资方式,这对解决中小企业融资问题十分重要。

第六节　股权投资发展的政策保障

温州市人民政府在发展股权投资中要充分发挥引导扶持作用,除了以上采取的各项举措外,为股权投资提供相应的优惠政策和保障措施是十分必要的。

一、提供鼓励股权投资发展的税收及奖励政策

温州市人民政府可以效仿各地为股权投资发展提供的税收优惠,制定《温州发展股权投资税收优惠细则》,其作用主要表现在三个方面:一是给予转化为创投资本的民间资本以一定的税收减免或抵扣;二是降低创投基金公司所需缴纳所得税的比例,并对其再投资进行税收减免;三是对创业企业的税收减免,可以采用税前抵扣或税后返还两种方式。为强化税收优惠的引导作用,可以根据投资基金投资企业的不同阶段、不同行业、不同地区制定不同的税收减免比例。

二、完善知识产权保护制度

风险投资主要涉及高新技术成果的研究与开发,具有很强的独家垄断性,风险投资的高收益也是凭借"专有性"而获得的,因此知识产权保护尤为重要。温州市可通过成立行业协会制定行规,鼓励行业自律,以防范企业技术人员泄密。建立企业联络员支付体系,形成知识产权保护网络,保证政府与企业、企业与企业之间的信息畅通。

三、引进创业风险投资和高技术的人才

人力资本是创业风险投资中的能动因素,也是高技术产业发展和技术创新的中坚力量,在以创新为极大特色的高技术产业风险投资中,人力资本比实物资本更加重要。根据美国硅谷的经验,创业投资家应该是既懂企业管理,又懂工程技术,并具有金融投资经验的综合性人才。调查发现,目前温州市创投行业从业人员高素质专业人才十分缺乏,专业人力资源不足。因此,加强人力资源建设,提高专业人才素质,是目前温州市创业风险投资机构以及相关各方需要关注和考虑的。

四、健全监管体系

创业风险投资业作为金融产业的前沿领域,在立法和监管上还存在较大的空白。加强法律法规和监管体系的建设,在国家法律允许的范围内,统一建设创业风险投资金融监管机构,优化部门设置,明确各监管部门的职能分工和管辖范围,加强监管部门间的协调和配合,从而避免多头指挥或监管空白。强化信息披露,规范市场秩序,建立公平、公正、公开的创业风险投资业金融市场。提升监管人员的专业水平和监管水平,增强解决实际问题的能力。

五、建立信息交流平台

项目信息的获得、处理和项目鉴别是股权投资机构的主要业务和竞争力所在。因此,如何建立通畅的信息交流网络,准确、快速地传递和反馈资金与技术供求信息,是吸引股权投资机构的重要途径。(1)政府有必要组织建立高效、便捷、畅通的股权投资信息网络,并通过互联网,使供求双方及时了解国内外最新的高技术成果、专利技术和技术市场行情;定期公布股权投资项目信息,以增强供求双方的联系,为股权投资者和企业家搭建桥梁。(2)开展多层次项目对接。项目融资对接是政府推动创业投资发展的一项新的重要工作,也是政府为企业服务的新领域。有关部门应继续推动建立高效、便捷、畅通的投资信息平台,金融办等部门要牵头举行投资项目对接活动,为投资者或投资机构和企业提供服务,实现民间资本投资与企业融资的充分对接。(3)政府相关部门可发挥引导和促进作用,如使用咨询交流会、各种媒体的宣传、投资联盟、股权投资俱乐部、股权投资论坛、协会和相应的中介匹配机构,给它们的成员提供一系列咨询和交流服务,在成员内部实现信息交流、资源共享、风险共担与强强联合,增进团体之间和团体与外部的交流与合作,建立相对稳定的管理机制和投资机制,带动整个股权投资行业的成长。

第四章 温州利率市场化及政策创新[①]

　　温州是我国第一个正式利率市场化试点地区,经过了三十多年的市场化改革后,温州取得了一系列成果,同时也看到了问题,由不完全市场化所导致的双重利率体系间呈现出完全分割状态。这种状态不利于温州地区资金的融通,分割状的资金市场也导致了资金需求与供给的匹配度低,甚至出现了"供给真空"的需求带,给温州地区的资金配置与产业的转型发展造成了阻碍;同时,欠规范的民间借贷市场蕴藏着巨大的潜在风险。如何把握机遇,在现有基础上调整结构,为接下来的改革深化奠定基础、铺平道路,是温州当前的重点和难点。根据目前的社会经济形势,温州利率改革深化需要积极开拓新渠道与新手段,勇于创新,理顺利率形成机制,整合资金供给市场,以及创建审慎的利率监管体系,从而为全国的利率市场化改革贡献试点经验。

---

　　① 本章系浙江大学经济学院、浙江大学金融研究院 2010 年 8 月启动、2011 年 9 月完成的《温州市民营经济改革创新试验区若干金融发展重大问题研究》成果之四。课题总负责人:史晋川教授。课题调研中得到了浙江省人民政府金融工作办公室、温州市人民政府金融工作办公室、中国人民银行杭州中心支行、浙江省银监局、浙江省证监局、浙江省保监局等单位的大力支持,在此表示感谢! 本章执笔:王婷。

第一节　利率市场化改革的背景

在经历了三十余年的利率市场化改革后，温州取得了成果，积累了经验，同时在改革过程中也看到了问题。进一步深化市场化改革，需要针对出现的矛盾与新情况，创新思路，拓展方法，敢为人先，理顺体制，为进一步深化改革做好充分准备，也为全国改革提供借鉴模式，为利率市场化、金融市场化在我国的全面启动放好"开门炮"。

一、利率市场化改革历程

我国利率市场化改革的最终目标，是利率由资金的市场供求状况决定。而这一目标在短期不能完全实现，因此，我国的利率市场化改革呈现出一个阶段式、递进式的逐步放开过程。其总体思路是：先外币、后本币；先贷款、后存款；先长期、大额，后短期、小额。① 温州是市场经济渗透度较高、金融活力较大的城市，是我国利率改革的"探路先锋"。作为我国利率改革起步最早、持续时间最长的试验区，温州始终伴随并见证着我国利率市场化改革的发展，同时承载着改革的成果、教训和启示。

总的来看，温州的实践是从农村开始，逐步延伸到城镇；从信用社逐步发展到商业银行；从个体私营企业存贷款利率的大幅度上浮，扩展到国有、大集体企业贷款利率的适度上浮；从小范围试点，扩大到全市范围内的市场化探索试验。并做到边改革、边试点、边总结经验，使机制不断完善，效益逐步显现。回顾温州利率改革历程，大体经历了以下五个阶段。

---

① 摘自中国人民银行《2002 年中国货币政策执行报告》。

1. 改革的起步阶段

1980—1986 年,是利率改革的起步阶段,当时正值改革开放初期,温州私营企业在农村得到快速发展,资金需求量大,特别是民间借贷活动活跃,造成大量资金在银行、信用社"体外循环"。而当时我国尚未开始利率改革,正规金融受到方方面面的限制,组织社会资金能力弱,贷款业务逐步萎缩。在此大背景下,苍南县金乡农村信用社根据当地实际,率先进行利率改革,试行"以贷定存、存贷利率浮动"的办法,迈出了温州利率改革第一步。从 1983 年 4 月开始,温州在农村经济比较发达的农村信用社推广利率改革试点,取得了显著的成效。

2. 有组织的试点阶段

1986—1990 年,我国利率制度进入改革初探时期,中央对存贷款利率及其他利率管理体制进行摸索式的改革。在此背景下,在总结完善农村信用社利率改革试点的基础上,工商银行平阳县支行和农业银行苍南县支行于 1986 年初,在所辖网点实施"存贷结合、利率浮动"业务,率先拉开了国有商业银行利率改革的序幕。同年 6 月,中国人民银行温州市分行制订了以"区别对待、期限管理、适当浮动"为原则的利率改革试行方案,经人行总行批准实施。自此,温州市被正式确定为全国金融体制改革和利率市场改革试点城市。

3. 大胆试验阶段

1990—1998 年,国家利率改革进入大胆试验阶段,主要是在利率体系的完善丰富和市场环境的建立完善上做文章。1993 年《国务院关于金融体制改革的决定》中明确提出了我国货币政策的最终目标、中介目标和政策工具,并为利率市场化环境建设作了部署。同时利率交易品种在此阶段大为增加,推动了股票收益率、同业拆借利率和国债发行利率等的市场化,并调整和完善了利率体系。此时温州的存款利率基本上执行国家基准利率；贷款利率实行以基准利率为主，浮动利率为辅。对国有、大集体企业基数内贷款，国家重点建设项目贷款，农业贷款，技改贷款，一律实行国家基准利率；对国有、大集体基数外贷款，集镇、乡镇企业贷款，股份合作企业、个体私营企业贷款实行浮动利率。随着国家利率政策的不断调整，温州的贷款利率浮动水平不断降低，浮动幅度由 1990 年的最高上浮 100% 逐步缩减到 1998 年的 60%。

4. 市场化发展的起步阶段

1998—2002 年，是温州利率改革向市场化方向迈进的阶段。在不断完善已有交易品种的市场机制和继续增加新的交易品种的同时，以 1998 年 1 月 1 日央行取消信贷规模限制为标志，中国进入了间接调控宏观经济的时代，并开始实施利率市场化改革最核心最关键的存贷款利率市场化改革。这个阶段的改革更加深化，但由于没有对存贷款利率完全放开，所以还是没有触及利率市场化风险最大的那一部分。而温州先于全国利率改革步骤，取消了贷款按照经济成分实行差别利率的规定，根据产业政策、风险大小、成本高低和企业信用程度等因素确定浮动档次。各金融机构根据这一原则，制定实施细则。这一阶段商业银行贷款最高上浮幅度为 35%，农村信用社为 50%。

5. 市场化迈进的探索阶段

2002 年至今，温州利率改革仍沿着市场化的道路前行。经中国人民银行批准，温州率先在瑞安、苍南两县（市）除城关外的 131 个农村信用社网点开始试行改革。2002 年 7 月，人行上海分行批准了《温州市人民币利率改革试点方案》，规定农村信用社存款利率最高可以上浮 50%，贷款利率最高可以上浮 100%。同年 10 月起，试点范围扩大到全辖除县（市）政府所在地以外的 105 个法人社、357 个网点。

二、利率市场的现状与特征

目前温州形成了独具特色的利率体系：以官方利率体系为核心，以民间利率系统为补充的双重利率市场。其中官方利率实行在央行领导下的有管理的浮动利率制，民间利率系统中行政干预相对较少，主要集中在贷款利率的上限限制①。

1. 官方利率体系

官方利率体系是市场化改革的主要对象，目前温州官方利率体系主要由基准利率与城乡信用社的浮动利率构成。目前农村信用社存款利率最高可以上浮 50%，贷款利率最高可以上浮 100%。

2. 民间利率系统

这一体系主要反映了游离于正式金融系统之外的资金价格，是民间信用的市场利率。民间利率是基于体制外循环资金的均衡价格，因而受到的行政干预力度较官方利率小很多。根据《关于小额贷款公司试点的指导意义》中的要求，目前温州政府对民间利率系统的监管主要集中在控制小额贷款公司的资金来源和借贷比例上，监管目标主要是为了达到信息掌握、规范操作、监督管理和打击犯罪的目的。

3. 利率市场主体

与利率双重结构相对应的是两类发挥载体功能的金融机构，官方利率体系对应着正规金融体系，主要由央行、国有商业银行、股份制银行、城市（农村）信用社构成；民间利率系统对应着非正规金融体

---

① 《最高人民法院关于人民法院审理借贷案件的若干意见》第 6 条规定，民间借贷的利率可以适当高于银行的利率，各地人民法院可根据本地区的实际情况具体掌握，但最高不得超过银行同类贷款利率的 4 倍（包含利率本数）。超出此限度的，超出部分的利息不予保护。

系,由民间合会(包括轮会、摇会、标会、抬会等衍生形式)、企业(个人)社会借贷、票据贴现、私人钱庄、基金会、金融服务社等构成。温州市有金融机构1340多家,从业人员14580人,银行机构665家,农村信用社537家,金融机构人民币各项存款余额为2818.81亿元,各项贷款余额为2205.64亿元。与此同时,温州还存在着规模庞大的民间金融市场。从组织上看,各种非正规金融机构中许多是不规范的;从社会来看,风险极大,极易形成不安定因素;从所有制来看,基本上是民间的。

4.双重利率体系之间的联系

两个体系之间并非相互隔绝、毫无关联,在市场化改革的过程中,两者之间表现出极强的相关性。

——民间借贷利率变动与基准利率调整之间呈现出很大的前后相继性。央行基准利率作为货币市场信号和标准,对民间借贷市场形成了极强的导向性作用,其走势和预期间接调整民间利率。由民间借贷市场形成的自动利率调整机制,随央行基准利率的变动而进行调整。

——民间借贷利率对基准利率具有相关反馈。由于两套体系之间具有一定程度的互补性,两种利率具有部分重叠区域,因而跟随官方利率变动的民间市场利率会对某些政策指令产生相反的变化方向。这种现象在温州地区更为明显,在目前由宽松日渐趋紧的货币政策背景下,民间资本作为官方利率紧缩缺口的一种补充,出现了外溢流动性大增的态势,抵消了一部分紧缩的货币政策效果,影响着国家宏观调控的成效。从而,在这两种机制的作用下,温州双重结构的利率体系间表现出关系的复杂性和变动的不确定性(见表4-1及图4-1)。

表 4-1　温州官方利率与民间利率(实际利率)对照表

年份	官方利率体系下的实际利率值(%)	民间利率系统下的实际利率值(%)
1980	−0.24	28.80
1983	5.34	24.90
1985	−2.10	26.70
1988	−10.16	26.20
1990	6.98	31.70
1995	−6.12	12.90
1997	2.87	23.60
2003	0.78	8.40
2004	−1.65	10.10

资料来源:国家统计局《国民经济和社会发展统计公报》(1980—2004)和史晋川等《制度变迁与经济发展:温州模式研究》。

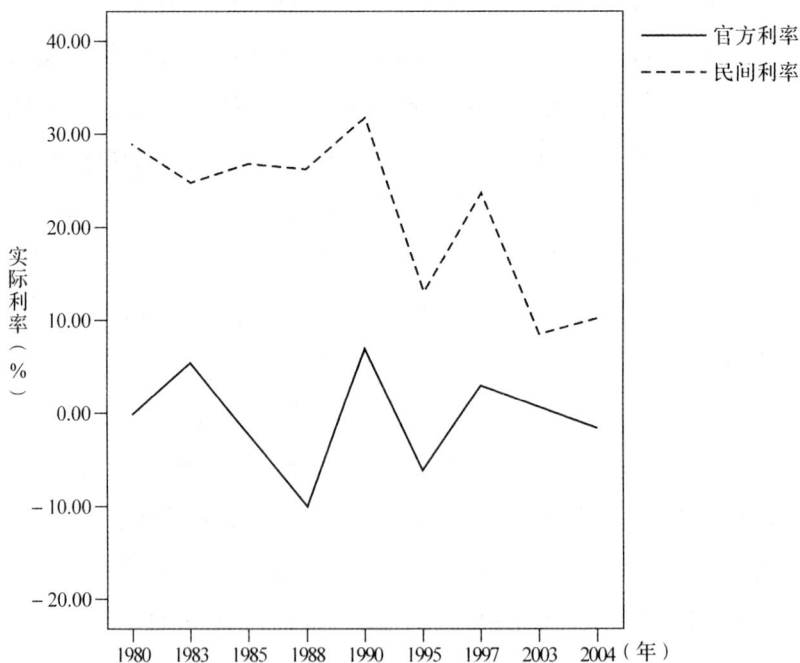

图 4-1　温州官方利率与民间利率走势对比图(实际利率)

当前温州实体经济面临着从粗放型向集约型、从数量优势向质量优势转变的时刻，而长期以来市场化呈现出实体部门和金融部门发展速度不协调、后者远远滞后于前者的矛盾，不但对温州金融市场的发展造成了影响，同时也制约了实体经济的转型升级与进一步发展。要推进温州地区经济结构的转型发展，需要金融市场化的"保驾护航"，否则前者在部分扭曲部分放开的价格机制下，必定会产生发展阻力和"瓶颈"。而金融市场化、自由化的关键在于理顺其自身的价格机制，即利率体系。

利率市场化对于增加正规金融系统的金融动员能力、满足"三农"领域资金需求、填补中小企业资金缺口、引导民间金融健康发展以及推动温州地区企业转型升级和保持经济金融良性循环与健康发展具有积极意义。

三、试点改革的必要性与可行性

党的十七届五中全会关于"十二五"的规划建议提出了将"逐步推进利率市场化改革"作为改革重点，并将其作为全面推进市场化改革的攻坚部分。因此，探索实现利率市场化的有效途径，构建有效防范并控制可能出现的风险和波动的机制体制已经势在必行，也迫在眉睫。

1. 温州试点的必要性

（1）基于控制资金规模流动的安全要求

我国疆域辽阔，经济发展地区差异大，如果改革全面铺开，则会面临资本回报率的差异而带来的资金大规模流动。货币相较于普通商品，流动成本低，价格敏感度高，这将会加速资金的流动，造成地区间资金"真空"与"满溢"并存的不平衡状态。引导性的试点改革有助于把握与控制资金流向，防止出现资源分配不均等化。

（2）基于控制系统性风险的保障要求

全国各地区的社会经济基础具有较大的差异，同时放开利率管制将会面临极大的风险。整体风险的爆发会给经济社会的稳定与发展带来隐患，故而整体推进市场化改革的难度极大，可操作性不高。改革试点将市场化风险控制在一定的空间地域内，从而避免全国性金融经济危机的爆发。

（3）我国社会经济和谐发展的要求

作为我国金融活力最大的城市，将温州作为利率市场化的改革试验区，一方面有助于抑制巨大的向外投资压力，将资金更多地留在温州各金融机构内；另一方面有助于银行系统吸收庞大的温州"体外循环"资金，从而达到更好的宏观调控效果。

（4）温州自身实现可持续发展的要求

确认温州为我国利率市场化的改革试点，首先是对民间既存的货币市场进行确认；其次能提高温州商业银行的盈利能力与资金竞争能力；再次，利率市场化对增加正规金融系统的金融动员能力、满足"三农"领域资金需求、填补中小企业资金缺口、引导民间金融健康发展以及推动地区企业转型升级和保持经济金融良性循环与健康发展具有积极意义。

2.温州试点的可行性

（1）稳定的经济基础与良好的市场竞争环境

温州早在20世纪80年代就领先全国"自下而上"地探索民间利率市场化的改革。目前，已形成了商会、小额贷款公司、农村互助社等多种类型的市场化利率主体，且在长期竞争中都形成了较强的自主定价能力。同时，温州民众与企业亦善于争取与把握金融服务选择权，实际默认并接受了利率市场化成果，形成了一个相对公平的市场竞争环境。这些温州独有的特征为市场化试点改革奠定了坚实的社会和经济基础。

（2）优质的金融业态与成熟的市场化主体

温州的民间金融主体普遍为非官方性质，遵循企业法人的公平竞争与破产清算规则，整个优胜劣汰的市场退出机制较为完善，财务约束较硬，极大地降低了"病号型"或"重病型"机构的道德风险与逆向选择。温州地区商业银行与民间金融在长期竞争中，潜移默化地形成了良好的利率市场化基础，普遍具备了较强的风险定价能力，对风险溢价能够作出独立判断。

（3）特有的风险意识与极高的风险易控性

温州民间市场化主体在具体业务中也逐渐形成了特有的抗风险机制，加强了自身以及整个温州地区的抗风险能力，而温州民众特有的风险与投资意识也为试点的开展与推进提供了人力资本层面的支持，这为温州利率市场化改革的风险可控性提供了坚实的保障。

第二节　利率内生形成机制创新

基准利率是整个利率体系中起主导作用的利率，是在整个金融市场和利率体系中处于关键地位、起决定性作用的利率。在实行利率市场化的过程中，金融机构的产品定价能力和利率风险管理能力成为关键所在，需要一个客观的基准利率为其提供参考。而我国长期的利率管制导致真正的基准利率缺失，银行的存款利率在我国一直发挥着基准利率的作用。但是，这种银行利率并不是在市场上通过公开、连续、广泛、集合的竞争定价活动来确定的，同时，它的利率期限结构的功能是以确认不同期限的金融市场之间存在分割且资金不可能在市场间无成本地相互流动为前提的，因此，银行利率不可能真正发挥基准利率的作用。同时，我国利率政策传导机制不灵，金融市场发展不完善。总体而言,货币市场参与主体有限,金融品种"单一",规模小,并且货币市场内部、货币市场和资本市场之间处于分裂状态,利率作为货币政策的传导信号失真。这些制约因素使得进一步的利率市场化缺乏运行的市场环境和基础。

鉴于以上现状以及市场化利率改革进程中出现的不匹配问题,改革温州利率形成机制、同步完善配套机制是深化利率改革的当务之急。设计一套适合温州利率改革深化的机制,在定价机制中纳入更多的市场成分,逐步将行政化定价比重从中降低,是最符合温州当前以及未来改革需要的。市场化定价机制首先表现为基准利率的确定,考虑以市场化程度较高的指标为盯住目标;其次,浮动幅度遵循市场供需变化及趋势,形成自我调节机制,从而推动行政化利率确定机制向市场化内生形成机制的演进。

一、市场化利率形成与传导机制的创新

1. 确定匹配的定价基础与形成机制

——综合考虑同业拆借利率和再贴现率作为温州地区下一阶段的参考基准。温州作为我国金融改革的试点,改革大环境需要考虑全国的经济形势以及可能产生的风险和波动。再加上货币市场的敏感度较强,一旦偏差或市场化幅度过大,会导致温州地区的金融市场面临极大的不确定性,并会对全国的金融市场发展造成不可预期的影响。因而渐进式的改革和探索要求温州利率系统在当前仍以中国人民银行基准利率为基础,从而在整体上保证改革的风险可控。但应在众多的基准利率中,选择一种或几种最适合当前经济环境,并能对深化市场化改革起到正向作用的指标,作为探索阶段试点地区的利率形成基础。

我国一直都是以央行的再贴现率、再贷款率、法定存款准备金率、超额准备金率作为基准利率的,但在利率市场化进一步深化的过

程中,需要寻找与市场机制具有最紧密互动关系的基准利率指标。按照基准利率选择原则和世界惯例,温州应根据改革试点的经济和金融情况适当地选择最恰当的货币市场利率作为考察对象。我国的市场利率体系是由银行存贷款利率、债券发行市场利率、债券流通市场收益率、同业拆借利率、回购利率、贴现利率、票据市场利率、大额可转让定期存单市场利率等组成。在众多的市场利率中,发挥基准利率作用的利率对其他利率的形成和变动产生决定性影响。因此,如果基准利率水平能够反映经济状况并且适合经济发展的需要,则其他市场利率也能趋于合理化,金融市场得到健康发展。

在市场化利率定价机制的设计中,一方面需要考虑与全国利率水平同步,另一方面需要考虑以市场化为调整基调。鉴于此,在目前的基准利率篮子中较为匹配的是再贴现率与同业拆借利率,前者是一种具有较强导向性的法定利率,是央行间接调控金融市场的有效政策工具;由于同业拆借市场目前已实现资金批发市场的市场化,因而后者是最符合基准利率标准的货币市场利率。

在确定温州利率水平时,加权平均同业拆借利率和再贴现率作为利率定价核:

$$r_{核} = aX + (1-a)Y$$

其中,X、Y 分别为同业拆借利率和再贴现率,a 为权重因子。

以一年期同业拆借利率为例,$X = 3.21\%$,再贴现率以年率计算,$Y = 3.24\%$,在利率改革的初期定价核对于再贴现率的权重可以较高,设定 $a = 0.3$,从而有 $r_{核} = 0.3 \times 3.21\% + (1-0.3) \times 3.24\% = 3.231\%$。随着利率改革的深入,权重 a 的值可逐步加大,从而更多地反映货币市场的影响。

——根据期限结构确定存款利率形成机制。根据存款业务的期限结构与市场波动风险程度确定合理的期限溢价。基于对经济走势的合理预期,在利率定价核的基础上,按存款期限结构划分活期和定期两类,每一类确定一种期限溢价率,每一类的期限溢价率成几何级数增长。活期存款由于不确定性较小,因而确定最低溢价率 θ_1;对于定期存款确定较高的溢价率 θ,并进一步将期限按 1 年内、1～3 年、3～5 年、5～10 年以及 10 年以上细分为短期、中短期、中长期、长期与超长期利率五种类型,每种类型在 θ 的基础上确定增加级数,对应的年期限溢价分别为 $\theta_2 = 1+\theta, \theta_3 = (1+\theta)^2, \theta_4 = (1+\theta)^3, \theta_5 = (1+\theta)^4$ 以及 $\theta_6 = (1+\theta)^5$,从而确定不同期限的存款利率定价公式为:

$$r_{存款i} = r_核 \times \theta_i$$

设定 $\theta_1 = 0.2, \theta = 0.1$,从而有如表 4-2 的模拟利率表。

表 4-2　模拟存款利率

存款品种	溢价率 (以年为单位)	存款利率 定价公式	存款利率 (以年为单位)
活　期	$\theta_1 = 0.20$	$r_{存款1} = 3.231\% \times 0.20$	0.64%
短期定期	$\theta_2 = 1.10$	$r_{存款2} = 3.231\% \times 1.10$	3.55%
中短期定期	$\theta_3 = 1.21$	$r_{存款3} = 3.231\% \times 1.21$	3.91%
中长期定期	$\theta_4 = 1.33$	$r_{存款4} = 3.231\% \times 1.33$	4.30%
长期定期	$\theta_5 = 1.46$	$r_{存款5} = 3.231\% \times 1.46$	4.72%
超长期定期	$\theta_6 = 1.61$	$r_{存款6} = 3.231\% \times 1.61$	5.20%

——根据风险结构形成贷款利率示范标准。贷款业务原则上实行由借贷双方商定的定价机制,但温州地区央行需要形成一套具有示范意义与窗口指导意义的利率标准,对自行商定的双方形成引导与警示作用。具体的标准形成机制是在温州地区基础利率核的基础上,根据各项贷款的风险系数确定溢价。对贷款风险水平的衡量需要考虑贷款期限、贷款规模以及资金用途等。除个人住房贷款、优惠利率贷款、政策性银行贷款以及国务院、中国人民银行另有特别专门规定的贷款利率外,其余贷款项目均需测算其风险系数,将期限、规模与结构纳入考量范围,设定溢价因子。

对于长期、大规模贷款,通过提高其风险系数来控制金融机构的资产风险,而其中又需要根据资金投向的不同而有所区别:对于中小企业初始创业、转型升级以及暂时的流动性不足等投资用途或"三农"导向资金用途的项目采取利率补贴,通过减小其溢价因子来降低标准贷款利率;对于资金投向为金融投资、实物投机等非政策扶持领域或者投向不明晰的贷款项目采取审慎态度,增加其风险系数,从而提高示范性利率。对于期限较长、规模较大或者贷款形式较为复杂的项目,采取由金融机构与贷款方自由商定的原则,但要求上报央行与相关管理部门备案。

2. 按市场货币供求信号确定利率浮动幅度

参考上海银行间同业拆放利率(Shibor)的变化频率与走势,确定温州地区利率浮动水平与浮动频度的调整。在确定了最合适的央行基准利率的基础上,辅以已有的市场化利率作为参考指标,对处于摸索阶段的温州改革试点具有重要的指导和引导作用。

目前在我国已形成的市场化利率中,以 2007 年 1 月 4 日正式运行的 Shibor 为典型。它是我国在借鉴伦敦、东京、香港和新加坡等国际金融市场基准利率形成经验的基础上形成的资金批发市场价格。在由信用等级较高的 16 家商业银行组成的报价团自主报出的人民币同业拆放利率的基础上,通过计算算术平均利率,形成较为科学的市场化指标。它是单利、无担保、批发性利率,是我国市场利率体系建设中的一项重要基础设施。目前每个交易日对社会公布的有隔夜、1 周、2 周、1 个月、3 个月、6 个月、9 个月和 1 年共八个期限品种,Shibor 在我国货币市场已经初步具有一定的基准利率地位。

目前,Shibor 在金融产品定价和商业银行内外部转移定价中都发挥着日益重要的作用。国内浮息债和企业债的发行基本已建立起以 Shibor 为基准的定价机制,而以 Shibor 为基准的利率互换约占全部交易量22％,远期利率协议全部以 Shibor 为基准。2008 年 10 月至 2009 年年末,中国人民银行签订的货币互换协议,全部以 Shibor 为基准。作为改革的试验点,将 Shibor 作为重要参考指标纳入利率形成机制有助于进一步理顺利率传导机制,推动存贷业务的科学定价。

因而,温州地区在以央行基准利率为基础的同时,将 Shibor 的波动影响以一定形式纳入利率形成系统中。在初期可以确定以较长时期的波动标准差值作为浮动范围进行调整,如一年或半年。根据市场化程度和需求的发展动态调整参考时期,逐步缩短参考区间及调整频率,逐步增加 Shibor 在最终利率水平形成过程中的参考权重,最终达到与 Shibor 同步调节的频度,即以 1 周甚至隔夜为参考和调整的周期,从而充分发挥市场因素引导作用。利率浮动公式为:

$$r_{浮动} = \pm \sqrt{\sigma_{\text{shibor}}^2}$$

其中 r 为温州地区利率水平,σ_{shibor}^2 为一定周期内 Shibor 的波动方差。以 2010 年全年数据为例(鉴于版面原因,仅节选月初与月末数据),可得到 Shibor 在不同期限下的波动标准差,并可由此确定温州地区利率浮动的范围(见表 4-3)。

表 4-3　2010 年不同期 Shibor 波动

日期	1 周期	1 月期	3 月期	6 月期	9 月期	1 年期
2010/1/4	1.4225	1.7728	1.8312	1.9100	2.0600	2.2502
2010/1/29	1.8542	1.8129	1.9048	1.9867	2.1403	2.3326
2010/2/1	1.8208	1.8311	1.9074	1.9887	2.1421	2.3332
2010/2/26	1.6642	1.8561	1.9443	2.0153	2.1531	2.3501
2010/3/1	1.6508	1.8440	1.9436	2.0138	2.1549	2.3510
2010/3/31	1.6000	1.7403	1.9419	2.0123	2.1573	2.3525
2010/4/1	1.5733	1.7375	1.9394	2.0118	2.1565	2.3525
2010/4/30	1.6079	1.7562	1.9398	2.0402	2.1634	2.3665

续表

日期	1周期	1月期	3月期	6月期	9月期	1年期
2010/5/4	1.6017	1.7614	1.9410	2.0406	2.1632	2.3668
2010/5/31	2.5033	2.4967	2.1201	2.1771	2.2658	2.4238
2010/6/1	3.2008	2.9348	2.1885	2.2134	2.2979	2.4498
2010/6/30	2.6192	3.8830	2.6308	2.4880	2.5352	2.6183
2010/7/1	2.6542	3.5092	2.6261	2.4875	2.5334	2.6138
2010/7/30	1.6825	2.1575	2.4475	2.5057	2.5469	2.6129
2010/8/2	1.6425	2.1525	2.4468	2.5053	2.5442	2.6130
2010/8/31	2.9489	2.8433	2.5120	2.5470	2.5807	2.6455
2010/9/1	2.9856	2.9017	2.5151	2.5469	2.5843	2.6456
2010/9/30	2.8408	3.5067	2.6113	2.6090	2.6331	2.6793
2010/10/8	2.6925	3.0750	2.6164	2.6088	2.6307	2.6781
2010/10/29	2.0211	2.6564	2.8302	2.8562	2.8820	2.9212
2010/11/1	1.9963	2.6571	2.8344	2.8609	2.8877	2.9257
2010/11/30	3.3263	3.7100	3.2498	3.0497	3.0690	3.0967
2010/12/1	3.3458	3.8950	3.2865	3.0644	3.0827	3.1103
2010/12/31	6.3867	6.1690	4.6234	3.5614	3.5944	3.6312
σ^2_{shibor}	67%	86%	36%	17%	13%	9%
$\sqrt{\sigma^2_{shibor}}$	82%	93%	60%	41%	36%	30%
利率浮动范围	±82%	±93%	±60%	±41%	±36%	±30%

数据来源:全国银行间同业拆借中心(www.shibor.org)。

因而温州地区的金融系统需要配套形成一套合理的盯住系统,定期汇报 Shibor 的水平,并科学分析 Shibor 的变动趋势和变动来源。央行按市场资金供求状况调整存款利率、贷款基准利率、汇率、再贷款利率和再贴现利率。

二、内生定价机制的功能

1.合理化利率水平以及浮动幅度

遵循市场的利率形成机制,参考更多市场比重的标准利率,综合指标形成更能反映市场情况与市场变化的利率核,同时在此基础上将 Shibor 作为供需变化情况的窗口指标,进而使得利率浮动范围与 Shibor 波动标准差形成正相关关系。充分考虑基准利率和 Shibor 的水平和波动,使温州利率的形成始终以全国资金供求市场为着眼点,保证温州在率先改革的同时,不偏离全国利率水平太多,进而保证全国资金市场的风险可控。

2.有效降低存贷款基准风险

基准风险也称为利率定价基础风险,是另一种重要的利率风险来源。在收入和利息支出所依据的基准利率变动不一致的情况下,虽然资产、负债和表外业务的重新定价特征相似,但因其现金流和收益的利差发生了变化,也会对借贷型金融机构的收益或内在经济价值产生不利影响。我国商业银行的经营收益大部分来源于存贷款利息收入,因此基准风险在我国主要表现为存贷款利率调整的不同步。而利率市场化扩大了这种由利率变动带来的基准风险。确定统一的标准利率形成机制,进而将存贷业务的利差控制在一定水平内,有助于降低基准风险,推动温州地区金融系统稳定健康地发展与壮大。

3.畅通货币政策的传导机制

拆借市场是央行进行宏观金融调控的基础性市场,是央行政策意图的关键性传导环节。在西方国家,央行监测市场的主要指标之一就是同业拆借市场上的超额储备以及拆借市场利率,拆借市场上的资金供求状况及其变化直接影响着央行的金融调控决策。央行控制货币供应量的种种措施,必然要通过拆借市场传导和反映到经济运行中去。

三、风险控制保障

1.加强监测与管理

按照审慎的宏观管理要求,建立日报系统,严密跟踪、监测温州地区及全国的利率变化幅度、频率和走势,对于异常波动,分结构和幅度地管理权限报告机制。对于波动幅度较小、发生频率较低的异常点,向温州地区银监会和人民银行报告;而对于波动幅度较大、发生频率较高的异常点则需要直接向上一级银监会和央行进行报告。对于活跃的民间投资借贷活动所引致的波动,其上报幅度临界点可以设置较高;而对于涉及民生、"三农"等关键领域的活动所引致的波动,上报幅度临界点应设置在一较低水平。

2.设置调整缓冲期

重新定价风险(Repricing Risk)也称为成熟期不相匹配风险,是最主要和最常见的利率风险形式。它来源于银行可重新定价资产、负债和表外业务到期期限(就固定利率而言)或重新定价期限(就浮动利率而言)所存在的差异。当利率发生变化时,引发资产负债重新定价的不相匹配,会使金融机构的收益和主要经济价值暴露于不可预测的变动中,引发利率风险。例如,如果金融机构以短期存款作为长期固定利率贷款的融资来源,当利率上升时,贷款的利息收入是固定的,但存款的利息支出却会随着利率的上升而增加,从而使银行的未来收益减少、经济价值降低。因而在逐步放开利率限制时,要掌握好时间安排,在两次利率调整之间设置好一定的缓冲期,并对在调整时间点前后的存款提前支取行为添加一定的限制,从而降低其套利收益以及由此引发的金融机构收益率波动。

3.在同一地区内保持改革的同步化

在改革试点地区,银行与银行之间保证市场化利率定价机制的联动推进,从而使金融领域呈现和谐稳步发展的良好态势。具体做法为:在温州地区的国有商业银行、地方性银行、村镇银行以及合作银行等正式金融机构内实行同步的改革进程,统一定价原则与波动范围,从而抑制改革差异化进程带来的金融主体间的投机激励,以及由于价格不平衡而出现的银行间资金异常流动、机构间的资金真空和资金"饱和"。

第三节　资金市场联动机制

将民间资金市场纳入同业拆借市场,参与短期资金头寸调剂,并在批发市场形成双重利率体系间的市场化业务,包括回购与金融债等初级衍生产品的交易。从而增加正规金融体系的金融动员能力,增加官方利率体系对规模庞大的游离于体外的民间资金的有效控制力。

一、利率双轨体系融通渠道设计

1.架构双轨利率短期拆借机制

同业拆借市场是我国金融机构间的货币批发市场,主要是为了解决短期流动性问题而成立。目前已形成了利率的完全市场化形成机制,对我国的货币市场和金融系统的健康发展与稳定成长具有极其重要的意义。同时,作为市场化程度最高的利率,同业拆借利率逐渐成为多种金融产品,尤其是以市场化价格形成机制为基础的高级产品的基准利率或盯住利率之一,对于我国货币市场的供需情况发挥着较强的引导功能。

目前我国同业拆借市场主要有 16 类金融机构可入场参加头寸交易,范围涵盖了所有银行类金融机构和绝大部分非银行金融机构,其中还包括了信托公司、金融资产管理公司、金融租赁公司、汽车金融公司、保险公司、保险资产管理公司等六类非银行金融机构。① 每类机构可操作的拆借空间根据其性质和规模有所差别,其中期限管理分三档:商业银行、城乡信用社、政策性银行最长拆入 1 年;金融资产管理公司、金融租赁公司、汽车金融公司、保险公司最长拆入 3 个月;财务公司、证券公司、信托公司、保险资产管理公司最长拆入 7 天。

——严格审批民间金融组织入场资格与头寸限额。根据民间金融组织的信用记录、资金规模、交易活力以及组织性质确定入场资格以及头寸限额,明确达标金融企业必须具备的硬约束条件。央行需要根据金融机构和借贷组织提交的拆借市场资格申请书,遵循审慎性原则,基于其信用记录、规模大小、资金充裕度、来源结构以及抗风险大小来确定是否赋予其入场操作的资格。对于在一定规模以下的金融组织,可以实行"一票否决"原则,即只要其信用记录或交易历史中有过一次违规行为,则永久免除其入场资格。鼓励正当公平的竞争主体进入资金批发市场,既包括商业银行也包括其他民间利率主体。

对于获得入场资格的金融组织,要求其在一定期限内成立相对完善和健全的同业拆借交易组织机构、风险管理制度和内部控制制度;要求配备专门从事同业拆借交易的人员,以及其他一些主要监管指标必须达到中国人民银行和有关监管部门的规定。

——完善交易过程管理机制,严格惩罚违法违规行为。央行对同业拆借市场的操作采取严格的监测制度,采取日报甚至时报机制,对拆入额度较大、拆入频率较高的金融机构或组织进行点对点的监测,并对其拆借资金的流向采取监控措施。对于因违法、违规行为受到中国人民银行和有关监管部门处罚的金融机构和组织,采取永久否决制。对于连续两年资金充足率低于警戒水平、资不抵债频繁的

---

① 资料来源:中国人民银行《同业拆借管理试行办法》(1990)、《同业拆借管理办法》(2007)。

机构或组织,采取暂时退场制度,若其资产负债结构恢复良好且5年内未再出现类似情况,在再次申请进入同业拆借市场前最近8个季度偿付能力充足率连续保持120%以上并连续盈利,则可恢复其入场资格,但是还需要进一步考察其业务能力与交易活力,按照其表现逐步增加其操作头寸至与其业务能力相应的水平。

2.探索打造温州资金批发新市场

由央行与温州地区金融管理部门牵头,初步打造温州地区的资金批发市场,设计民间金融系统与官方金融系统间的信贷资产转让及回购业务。信贷资产转让业务就是金融机构之间根据协议和约定,相互转让自身信贷资产,从而融通资金的金融行为。按照信贷资产出让方对转出贷款所承担的风险程度的不同,信贷资产转让业务分为回购型和买断型两种。回购型信贷资产转让业务是指信贷资产出让方按照转让协议约定的时间、金额将转让的信贷资产购回的金融业务。买断型信贷资产转让业务是指信贷资产出让方将贷款债权完全转让给受让方并退出贷款合同关系,使受让方成为真正贷款人,直接向借款企业收取贷款本息,管理贷款项目。对不良贷款的转让一般采取买断型。

根据双重利率体系的定价机制与作用的差异,回购式信贷资产转让模式显然更适合温州的金融发展与改革深化(见图4-2)。建立信贷资产转让与回购市场,允许民间金融机构与官方金融机构之间进行信贷资产的短期转让与回购,从而形成双重利率体系间的短期拆借市场,解决短期的流动性问题。以小额信贷公司为例,其资金来源主要是自然人、企业法人与其他社会组织投资。银行以一定的协议价格购买进入拆借市场的小额贷款公司的转让资产,小额贷款公司据协议约定转让其特定的信贷资产,同时小额贷款公司承诺某一特定日期按约定的价格向受让银行无条件回购该项信贷资产。在转让期间,银行代为行使贷款管理职责,并依合同约定向小额贷款公司支付利息收益。当小额贷款公司无力回购或为其提供连带保证的担保方也无力回购时,受让银行将向原始借款人和担保人进行追索,并保留要求小额贷款公司回购的权利。回购交易不发生交易资产的实际过户,银行与原始借款人不发生直接关系。央行与温州金融监管部门对转让双方拟定的信贷资产转让协议进行监督,原则上允许双方自由商定具体的合同内容,但对拆借期限需要把关。在建立市场的同时完善独立第三方,充分发挥其信用评价、担保监督等功能,同时完善承销机构的结构和功能,促进转让回购市场良性发展。鼓励民间金融组织"抱团"形成相互担保机制,从而提高自身能力与获得入场资格的可能性。要求进入回购业务市场的民间信贷机构需提交申请报告,经央行与温州金融监管部门的资质审核同意后,在管理部门备案并进入相应的监管系统。对于民间金融机构的资产转让回购业务的规模与融入资金的用途须进行严格限定。

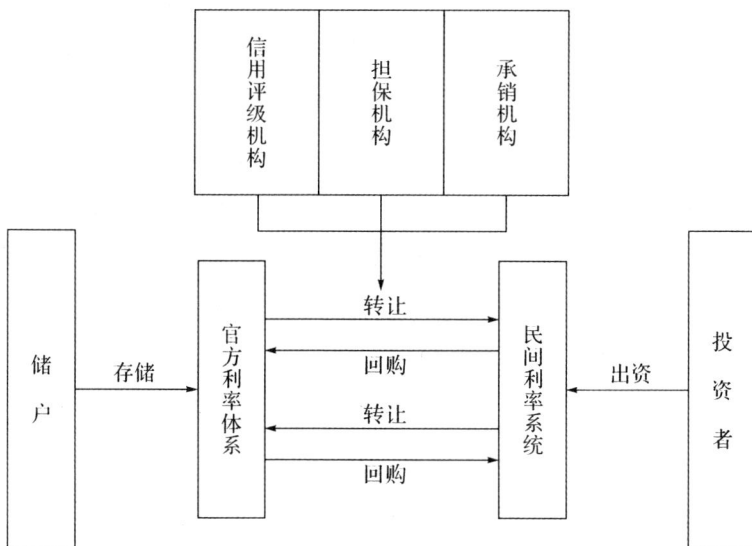

图 4-2　二元利率体系间信贷资产转让回购机制

二、联动机制的资金整合功能

1. 建立温州地区"大资金池"

拆借市场是金融机构进行头寸调剂和准备金管理的主要渠道。通过双重利率体系在批发层面的共享达到资源的共享、资金的共通，从而将温州地区官方金融系统与民间金融系统中的资金合并，增加资金供给，从而为二级市场以及零售市场充分配置资源，并从源头上降低目前的较高民间利率，进一步降低企业成本，推进温州地区经济的转型升级，同时通过完善的价格杠杆机制，将资金引导至温州地区发展中最有迫切需求的地方或盈利率较高的地方，从而在整体上优化资源配置结构，提高经济绩效。

2. 实现市场分层发展有序化

扩大同业拆借市场参与者范围，有利于促进资金供给和需求主体多元化，增加同业拆借交易的活跃程度，也可以通过市场竞争机制逐步实现市场分层有序发展。随着我国商业银行改革的推进，利润约束越来越大，一家追求利润最大化的商业银行，其理性的经营行为必然是在不影响其支付能力的基础上，尽可能降低准备金水平，扩大资产的收益。这就要求商业银行有效地运用准备金以及超额储备，从而无须持有过多的低收益超额储备，便能够维持足够的支付能力。同时，随着我国金融机构体系日趋多样化，其他金融机构也会产生资金供给的临时性缺口，需要得到调剂，拆借市场刚好为他们提供了这种短期融通资金的机会。但是因为我国目前的拆借市场交易主体数量少、组织性质单一，主要是商业银行，而其资金头寸有高度统一性，要么都多，要么都少，因此不利于拆借市场功能的发挥。扩大同业拆借市场参与者范围，有利于促进资金供给和需求主体多元化，增加同业拆借交易的活跃程度，也可以通过市场竞争机制逐步实现市场分层有序发展。

3.强化正规金融体系区域动员能力

通过在资金拆借市场和批发市场形成融通,双轨利率体系完全分割的局面被打破,进而正规利率体系可在这两个市场中发挥其规模优势与吸储优势,增加对民间利率系统的管控,利用市场的手段对循环在体外的 6000 亿元民间资金以间接的方式进行吸收与约束,进而在其中发挥政策引导与抑制作用,逐步做到温州民间资本的可控化与规范化。

三、风险控制保障

具体结合温州市经济金融发展的实际情况,有效评估温州利率市场化过程中所面临的各种风险,其中包括民间金融与正规金融合作互通所带来的风险,民间金融本身发展所面临的风险,以及正式金融积极接受非正式金融而将给温州金融市场带来的潜在冲击。

1.资质审核与违规惩罚程序规范化

严格限定资金批发市场的参与主体为温州地区法人机构,从而控制由市场化利率双轨制所带来的全国性资金波动,减少温州利率改革对于试点以外地区的影响。中国人民银行对在同业拆借市场交易活动中发生的违规行为需制定严厉的制裁措施。金融机构未按照中国人民银行的规定向同业拆借市场披露信息,或者所披露信息有虚假记载、误导性陈述或重大遗漏的,中国人民银行有权对该金融机构采取限期补充信息披露、核减同业拆借限额、缩短同业拆借最长期限、限制同业拆借交易范围、暂停或停止与全国银行间同业拆借中心交易联网等约束措施。

设立黑名单制度,对于那些为金融机构向同业拆借市场披露信息、提供专业化服务的注册会计师、律师、信用评级机构等专业机构和人员,所出具的文件含有虚假记载、误导性陈述或重大遗漏的,将其纳入黑名单,降低其出具报告的可信性。对于违规行为恶劣、情节严重的,剥夺其再为同业拆借市场提供专业化服务的资格。其他违反有关法律规定的,应当承担相应的法律责任。

2.头寸波动的监测预警灵敏化

同业拆借为金融企业的发展提供了一个很好的途径,可以缓解流动性不足的问题。但是,同业拆借在运行的过程中会遇到一些困难,比如说,一家金融机构尤其是民间借贷组织,面临资金流动性不足的问题。若未进入同业拆借市场,则它的倒闭或解散仅是组织内部人员承担损失,风险范围仅限于组织体内部;但是一旦加入同业拆借市场,则它的清算会通过资金批发市场扩散到其他金融组织和机构,风险范围被扩大,波及范围甚至远远超出温州地区。因而央行应审慎地对待与处理民间金融组织在同业拆借市场中的头寸变化,做好监测与预警工作,对于出现大规模拆入现象的小额贷款公司、村镇银行以及其他类型的民间金融组织,采取现场问询与监测。温州市人民银行对于金融机构拆借资金的使用途径实行原则性的严格监管,将拆借资金的交易主体限定于获得交易头寸的机构与组织,按《同业拆借管理办法》的资金使用条件,将拆入资金限定在充裕短期流动性上,严禁把拆借资金当作长期的投资使用。监督拆借协议的执行,严惩超期展期行为,严禁将资金的拆借性质变为长期贷款。

3.建立拆借担保与准备金制度化

拆借到资金以后,企业仍然破产,就成了不良贷款,这叫信用风险。金融机构或是企业不按规定使用拆借来的资金,而转向买卖股票,或投资到别的项目,违规使用了拆借的资金,这样就会出现流动性的风险。根据我国目前的同业拆借市场参与者的特征与背景,结合民间金融组织的特色,建立拆借担保机制无疑是最优的解决办法。

通过双重利率体系的联合,将规模与实力较小的组织或机构和规模与实力较大的机构建立连带关系,用担保制度保证入场申请人的信息得到充分揭示,使得信息最大程度地达到对称,从而降低小规模参与人的交易风险,避免金融危机的发生。

为确保利率风险控制在一定额度内,将用浮动利率吸收来的部分资金成立"专款专用"准备金账户,一方面用于防止利率风险的发生,在利率出现超常波动时,冲抵资金;另一方面专款专用于"三农"扶持资金和中小企业贷款,从而在政策上实现一定程度的倾斜。

第四节　双轨利率体系桥连模式

在双重利率系统间增加政府的中间联通作用。通过明确不同部门的职责,建立官方与民间金融机构间的统筹风险管理与征信系统管理统一平台,从而在机构组织间建立桥连,这对双重利率系统的协调发展与市场分享具有重要意义。

一、利率体系并轨路径设计

1.畅通桥连机制构划,划清部门职责

优化利率市场,以资金供求为基础确定货币价格是利率市场化改革的目标。作为金融改革试点地区的温州,在其摸索式前进的过程中需要不断根据外部环境的变化,利用自身调节机制寻求平衡。建立一套适应温州金融特性并能与其生存和发展的外部环境相互影响、相互作用的动态平衡系统,对于下一步的改革具有重要意义。同时,温州利率市场创新和利率体系构建的目标就是要通过一系列的制度创新完善价格机制,形成各项金融制度的耦合,减少双重利率结

构对经济发展的危害。将民间利率系统视为同官方利率体系平行对称的系统,从而纳入政府监管的范围中。通过统一利率市场的调控手段,引导民间利率市场同官方利率市场协调发展,取长补短,利用合理的监督和保障手段保证双重利率体系向良好的方向发展,从而形成温州可持续、自主发展的市场化利率体系(图 4-3),并进一步实现利率市场化的目标,为我国全面推进利率改革提供经验与参考。

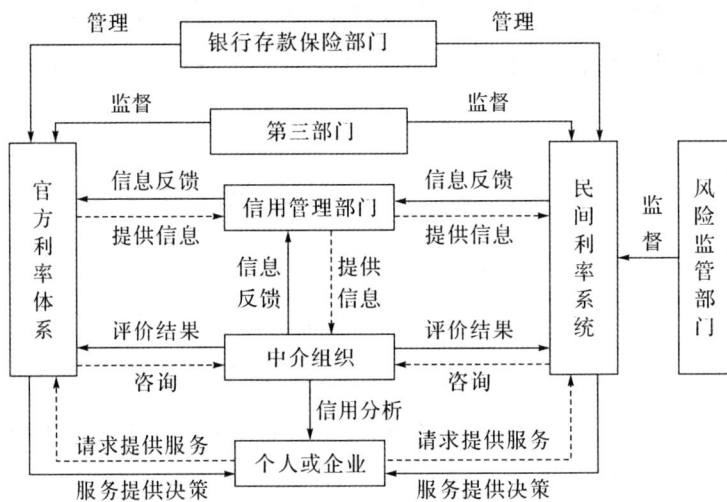

图 4-3 利率体系并轨模式

以下是温州利率系统创新模式中各部门的职能设计。

——官方利率体系与民间利率系统。官方利率体系的载体机构包括国有银行、温州银行和中小金融机构,它们拥有自己的信用信息库,但当遇到新的客户或老客户发生新变化时,就需要对客户的信用情况进行分析和评价。这时银行一方面从信用管理部门提取客户的信用信息,另一方面利用中介组织分析和评价其客户的信用情况,根据两方面情况决定是否或以何种方式提供服务。民间利率系统的载体机构提供信贷的职能和正规金融机构一样,但在这一过程中要接受风险管理部门的监管。

　　——信用管理部门。该部门作为国家对社会信用体系的管理机构,首先要建立适用于温州特色的企业信用信息数据库以及个人征信系统数据库。为官方利率体系和民间利率系统提供用户信用信息,并根据业务的完成情况及时更新信息。

　　——风险管理部门。作为国家对民间利率系统的管理部门,具有规范其程序和引导其发展的作用。风险管理部门的职责在于保障民间金融平稳过渡,民间利率系统发挥合力作用并形成体制外的资金良性可持续循环,避免民间金融危机的发生,并联合公安部门打击高利贷、洗钱等利用非正规金融机构的犯罪行为。

　　——存款保险部门。在温州利率市场化改革的过程中率先试水存款保险制度。基于温州金融规模大、不确定性强,同时利率市场化水平较高的特点,通过国家提供的原始运营资金,逐步组建起国有性质的存款保险公司。由政府通过立法强制金融机构参加存款保险制度,对于官方金融机构和民间金融机构的存款,根据风险系数和期限结构分别确定合理的存款保险率,在每笔存款中抽取一定比例的资金作为保险基金,以应对市场化过程中出现的风险。同时规定全额赔付标的额上限,切实保障中小存款人的利益,维护金融秩序的稳定,防止金融机构间的不良竞争。

　　——中介组织。由温州市人民政府与金融管理部门引进和培育具有一定资质的金融服务组织,包括信用评估机构,独立的会计、审计事务所,律师事务所,以及其他金融信息和管理咨询公司等。由这些中介服务机构和信息咨询机构负责对委托方的客户作出客观的信用分析和评价,同时将评价结果反馈给信用管理部门和委托方,供其备案和参考,从而为温州金融机构和政府提供真实、及时、公正的市场信息,减少由于信息不对称和不完全而造成的道德风险,同时有利于提高温州地区金融系统的整体风险管理水平。

　　——第三部门。鼓励由民间组织、团体或个人形成的第三方,对官方和民间金融机构的存贷行为行使监督权,并构建畅通的匿名举报系统,对温州利率系统中的金融机构给予广泛的群众监督。央行可根据举报信息核查涉嫌机构的行为、业务是否符合国际"赤道原则"以及我国的法律法规和金融行业规范。

2.正规金融机构竞争能力的提升

——加强正规金融机构对中小企业的信贷服务能力。只要正规金融机构能够逐渐提高其服务的能力,缩小服务的空白区,非正规金融生存的空间就会变小。但如果中小企业贷款难的问题得不到解决,作为填补需求的民间金融,包括"地下钱庄"等非法形式的组织团体仍旧会存在,并且隐蔽程度和渗透力度与中小企业贷款需求的迫切程度为正相关关系。因而要从提升商业银行的自主定价权入手,逐步提升其竞争力与信贷服务能力。

——拓宽正规金融机构的盈利渠道。随着利率市场化的逐步推进,以利差收入为主要盈利来源的商业银行必定会面临更大的挑战,因而完善官方利率的功能,满足企业规模化对金融服务质量与多样化的需求,增强商业银行开展中间业务的能力在接下来的试点改革中显得尤为重要。近几年的实践表明,伴随着利率市场化的逐渐开展,国内银行业的净息差已从 2007 年的 2.95% 下降到 2009 年的2.25%;而在完成利率市场化的发达国家的银行业,其净息差在1%~2%之间。如果净息差在短时间内(如 1~2 年内)缩小到 2% 以内,将给中国银行业带来不容忽视的行业风险。我国商业银行目前的发展模式主要是依靠扩张贷款规模和粗放式经营,盈利模式主要是利息收入的规模增长,利息收入约占全部营业收入的 80% 左右,有些银行甚至占到 90% 左右,而中间业务收入只占营业收入的 20% 左右,有的银行还不到 10%。随着利率市场化进程的加快,银行的这种发展模式和盈利模式不具持续性,很有可能将面临经营困难甚至生存危机。温州企业规模不断壮大,不只集中于对资金的要求,对咨询、评估、会计等非传统金融业务的要求会逐渐提高,作为正规金融机构拥有成熟的信息系统和高素质的专业人才,应逐渐加强自身业务能力,拓展表内外业务,在为温州地区企业提供更好服务的同时,挖掘更多盈利渠道,增强自身竞争能力,降低由市场化利率带来的系统性风险。

——通过设立社区银行全面渗透官方利率的影响。所谓社区银行,是指在社区的范围内按照市场化原则自主设立、独立经营,以中小企业和社区居民为目标客户群的正式金融机构或分支机构。在温州鼓励正式金融机构设立社区银行形式的分行或支行,通过在当地招聘具有一定金融业务能力并熟悉本地市场的员工,进入社区和中小企业进行面对面的沟通和服务,将官方金融扩散到实体经济中;利用社区银行员工在当地的社会网络,解决金融系统中常见的信息不对称问题,增强风险识别能力,提高银行整体对中小企业贷款的安全赢利空间;同时减少居民和中小企业主的交易成本,将原本高高在上的官方金融业务直接送到家中和工厂中,拓展官方利率体系的民间基础,使得官方利率进一步在温州地区扩散和渗透。另外,社区银行对于解决温州就业问题具有积极意义,在一定程度上缓解城市化进程带来的日益严重的失业问题。

3. 规范民间借贷组织的经济活动

——对民间利率系统实行结构化分类管理。温州民间利率系统的存在具有长期性,政府对待非正规金融的态度不应是简单化的消除,而是根据不同的情况区别对待。一方面,鼓励资本规模较大的非正规金融机构参股正规金融机构,变间接投资为直接投资;另一方面,给予以合理方式让渡资金使用权的非正规金融机构以合法地位,但并不意味着要转变为正规的金融。2007年5月8日中国银监会和中国人民银行联合发布的《关于小额贷款公司试点的指导意见》中指出,可以组建小额贷款公司,至此非正规金融机构有了一个合法外衣。给予非正规金融机构以合法存在的地位,可以使隐性风险转化为显性风险,同时更利于国家对其风险进行管理和控制;而对于那些既不合理又不合法的非正规金融活动,要予以取缔。

——加强民间利率系统的风险监管。民间借贷是一种完全的市场行为,而完全的市场机制的自发作用并不能做到资源最优配置,因此,需要政府对其进行监管和引导,但政府对非正规金融机构的运行采取简单介入并不能从根本上解决问题,"自生自灭"是民间借贷最理想的状态。温州政府在对温州非正规金融机构的监管过程中,要始终以资金价格即利率为着眼点和风向标,通过间接手段引导民间金融活动的有序发展。

——挖掘民间金融活动的发生渠道。温州已经形成了企业融资的"路径依赖",即"自有资金—民间借贷—银行贷款",不善于运用正规的直接融资方式,在一定程度上存在着人格化的交易方式。这是不利于温州企业的长远发展的,商品市场交易的非人格化交易已经成为主流,企业必须善于和更多的"陌生人"做生意,所以温州的企业也必须改变融资的方式,形成新的路径。而这些都需要温州政府的制度创新,才有可能实现,如扩大民间资本投资的领域、积极发展债权市场和融资租赁等方式。融资租赁和传统租赁一个本质的区别是:传统租赁以承租人租赁使用物件的时间计算租金,而融资租赁以承租人占用融资成本的时间计算租金。由于温州的中小企业大多数势力较弱,较难符合银行的贷款条件,金融租赁可使中小企业在不提高资产负债率的情况下融入资金,有利于提高企业的信用等级,降低企业未来资本市场的融资成本。

二、利率并轨模式的统筹协调作用

创新桥连模式确定了一系列政府和民间的部门与组织作为金融活动的参与者和监督者，从而将官方利率体系与民间利率系统桥连起来。设立的中间部门起到了统筹监督、分类控制、窗口引导的政府管控作用，另外赋予第三部门监督权，将金融机构纳入广泛的群众监督之中，从社会福利角度进一步保证双重利率体系的公平竞争和可持续发展。其具体作用的表现有以下几点。

1. 推进双重利率并轨与全面市场化改革

通过一系列中间部门将双重利率系统桥连起来，有助于温州地区双轨利率的并轨，从而为全面推进利率市场化在机制上做好铺垫和准备。通过中间部门的协调和监督，形成双重利率系统之间的间接交流平台，促进双轨利率间的竞争，促进温州地区资金市场的良性循环和发展，为吸纳庞大的"体外循环资金"形成足够的吸引力和充足的体制保证。

2. 扩大可贷资金源实现企业转型升级

中间部门承担起自信评价并构建共享征信系统数据库，为双重利率系统提供信用评级支持和担保服务，将双重结构中的精华共享共用，从而扩大了中小企业的借贷活动范围，为温州地区中小企业转型升级做好准备。通过信用管理部门创建的数据库，中小企业在民间金融系统中的良好信用记录被收录，从而打破传统，为原本规模小、资信情况不明的广大中小企业创建了一份具有可靠基础的新型"成绩单"，将其接待范围由原先社会网络为界的民间借贷市场扩展到非人格化交易的官方借贷市场，大大增加了可用资金额度，并大幅降低了利率，为下一阶段的转型升级和扩大规模做好资金上的准备。

3.强化整体风险控制和监督能力

创新模式中作为"桥"的中间部门主要是由政府相关单位承担，同时还有作为独立第三方的金融服务机构和民间团体或个人。前者的主要作用在于从整体上统筹监管双重利率系统，防范风险并协调双轨价格的相互作用和影响，优化温州地区的资源配置；后者的主要作用在于为双重利率系统提供外部的客观评价和监督，进而保证金融机构的活动符合社会价值取向。

三、风险控制保障

1.成立专职管控部门

——建立专门的信用管理部门，降低融资成本。首先要建立社会信用体系，必须要有一个单独的信用管理部门，该部门要由政府承担才有这样的公信力和能力，同时也是政府管理社会职能的需要。其次要建立信用档案，通过资信评估系统了解个人或企业的信用度，减少交易的时间和风险，从而降低融资成本。

——帮助建立承担信用担保职能的中介组织。由中介组织承担个人或企业的信用分析和评价，可以节省政府的资源和成本，如果这一工作由政府来承担，将会占据政府很大的精力和资源，而且也不能保证评价结果的准确性与公正性。而中介组织由于要对企业或个人提供贷款担保，信用分析与评价的结果直接影响其担保行为的收益，所以在主观上是公正和准确的。政府只需对其评价结果进行审核和登记即可。

——帮助建立具有监督"赤道原则"实施职能的非政府组织。"赤道原则"是由世界主要金融机构根据国际金融公司和世界银行的政策和指南建立的，旨在决定、评估和管理项目融资中的环境与社会风险而确定的金融行业基准。"赤道原则"是一套自愿性的指南，缺乏强制执行机制和机构,此时非政府组织的监督尤为重要。

2.建构存款保险制度

为了完善优胜劣汰的金融机构退出机制,需要辅以存款保险制度作为兜底保障手段。实行存款保险制度后,当实行该制度的银行资金周转不灵或破产倒闭而不能支付存款人的存款时,按照保险合同条款,投保银行可从存款保险机构那里获取赔偿或取得资金援助,存款人的存款损失尤其是中小储户的损失就会降低到尽可能小的程度,从而有效保护了存款人的利益。由于存款保险机构负有对有问题的金融机构承担破产支付的责任,它必然会对投保机构的日常经营活动进行一定的监督,并从中发现隐患所在,及时提出建议和警告,以确保各金融机构都会稳健经营。同时,这一制度对公众心理所产生的稳定作用,也可有效防止银行挤兑风潮的发生和蔓延,从而促进金融体系的稳定,提高制度的安全预期。

第五节　利率市场化的政策支持

利率市场化的进行,创新模式的成功实施并发挥应有的效果,需要有相应的政策保障做支撑,这其中包括相关的法律法规、会计审计制度、财税政策以及硬件信息系统等方面的保驾护航。

一、法规的完善与保障

1.进一步确定民间利率系统的合法地位

2005年2月,国务院颁布了《关于鼓励支持和引导个体私营等非公有制经济发展的若干意见》(国发〔2005〕3号)。第5条款指出,允许非公有资本进入金融服务业。这是对民营金融的首次肯定。

2005 年 5 月央行发布的《2004 年中国区域金融运行报告》指出：民间金融具有一定的优化资源配置功能，减轻了中小民营企业对银行的信贷压力，转移和分散了银行的信贷风险。这一条被外界普遍认为是给民间金融正名的信号，预示着民间金融合法时代的到来。2008年 5 月 4 日，中国人民银行与中国银监会联合发布了关于小额贷款公司试点的指导意见，旨在将目前我国沿海一带的民间借贷市场纳入合法、规范的轨道。在此基础上，对民间金融和民间利率系统应保持政策上的宽松与统一，进一步确立民间利率系统的合法地位。

2.加大对高利贷的打击力度和执行效率

联合公、检、法等司法力量，加大对民间信贷中出现的高利贷活动的打击力度，平抑民间利率市场的波动风险，规范和健全民间金融活动。尽快出台《针对高利贷行为治安条例》以及相应的规章制度，明确行为性质的界定标准，具体化执行的实施细则，在坚持有法可依的同时，加大监管执法力度。

3.修改并健全银行监管法律体系

温州地区利率市场化的改革快于全国水平，因而针对全国银行业与金融系统情况，以巴塞尔协议中的核心原则为蓝本的《银行业监督管理法》无法涵盖并适应温州地区的发展，无法解决实际出现的新问题与新矛盾。有鉴于此，在现有法律体系的基础上，针对温州市场动向与新情况，由金融监管部门出台《温州地区金融业监管试行办法》以及相应的规章条例，对现行监管框架进行适应性的完善与使用标准的提高，以满足温州地区金融发展的要求。监管部门需加强金融监管立法工作，在立法内容上进一步体现激励相容的监管理念，建立以市场为导向、以监管机构和银行良好治理结构为基础、以全面风险管理为核心的银行监管法律体系。

二、健全会计审计制度

健全的会计审计制度、有效的信息披露制度是市场透明度的保证，避免因信息不对称引发的道德风险作出逆向选择，从而健全社会信用制度。

1.实现风险信息披露的规范化

参照巴塞尔新资本协议对商业银行有关信息披露的相关要求，对我国现有的涉及存贷业务金融机构风险信息披露的规定进行规范统一，形成一个完整的更具体化的信息披露要求。在信用风险信息披露方面应包括：信用风险会计处理办法的披露、信用风险暴露程度（总额、行业或交易对手分布、地域分布）的披露、信用风险计量方法与技术的披露、信用风险缓释技术、资产证券化方面的披露以及信用质量的披露等；在市场风险信息披露方面应包括：资金交易的到期日，持有时期资产利率的重新定价与基差风险、利率和汇率波动等影响因素带来的冲击程度等；操作风险方面应包括：操作风险事件的严格定义和具体分类，产品业务部门的区分，操作风险数据收集程序和处理方式，操作风险应对政策和措施等；在资本充足度方面应包括：资本结构。如资本与核心资本充足率，各种风险敞口的资本金配置，损失准备的覆盖范围等；对于风险管理水平较高的银行或发展到较高层次阶段，还应披露各种风险计量模型的结构、风险计量具体的结果以及具体的 VaR 值。以上均是新协议信息披露的核心内容，为此，温州地区金融系统监管部门应在推进利率市场化改革的同时，要求各金融机构与借贷组织加大风险信息披露力度，在《商业银行信息披露暂行规定》的基础上将双重利率体系纳入统一的风险信息披露系统中来。

2.逐步实现标准的国际化

按照国际通行标准披露风险信息，既是我国金融系统全面风险管理水平提高的具体表现,也是推动全面风险管理水平的重要动力。国际标准需要我国借贷企业加大定量信息披露和表外信息披露力度,例如对风险分析和计量的统计模型和评估标准的披露,以及表外风险因素的影响、应对政策和计量等。温州金融监管部门要以新协议为尺度,借鉴国际先进银行业,逐步达到国际标准。

3. 实现惩罚机制的严格化

在商业银行不能按规定披露风险信息时,监管当局应根据其未充分披露的性质、后果的严重程度与纠正措施采取必要的惩罚措施,其具体手段可以是"道义劝告",也可以是经济处罚和责任人追究等。同时,加强市场惩罚机制建设,如引入"集体诉讼"的实施力度。

三、结构合理的财税制度

差异化税收结构,降低新兴企业与涉农领域的存款利息税,同时对民生、中小企业和"三农"等领域的贷款给予利息贴补,从而将战略产业、重要行业以及农业领域的资金供求更大范围地吸引至正式利率体系中,更好地发挥政策引导功能。在温州特色的货币政策上辅以相应的财政政策,充分发挥二者之间的协同效应,将资金引导至温州经济发展最具迫切需求的领域。

1. 提高金融机构方向性放贷激励

从温州地区经济社会发展需要出发,结合当地产业扶持项目及扶持政策的导向,确定金融机构利息收入的税收优惠措施。其中包括针对中小企业、新兴产业与重点支柱行业的贷款实行利率收入减免税政策,以促进温州的经济保持全面可持续发展;针对涉及民生的公共基础项目贷款实行利息收入"零"税率优惠,以保证温州社会的和谐有序;针对"三农"的各级项目,根据具体内容由温州地方财政与国家财政按比例共同出资成立利息补贴基金,实行金融机构涉农贷款利息收入补贴,从而有效激励金融机构更多地向"三农"业务倾斜,引导资金流向涉农领域。

2.提高民间借贷投机成本

基于照顾社会公平,理顺收入分配体系,缩小温州地区贫富差距的考虑,同时为了规范温州民间借贷市场,控制联动性金融风险以及恶性金融危机的发生,对借贷资金投向为实体经济以及虚拟经济的投机行为设置价格调节杠杆。通过提高民间借贷机构相应项目利息收入的营业税或限制投机企业所得税税基减免额中利息支出的部分,来提高借贷投资的成本。这样的财税政策旨在完善财政政策对利率市场化的调控与引导,从而全面提高温州地区的资金使用效率,推动温州金融经济的良性发展。

四、完善金融监管基础建设

1.建立央行与金融机构的信息互通系统

建立与金融机构借贷对象连接的会计核算系统,通过对借贷需求者的会计核算,正确披露利率系统中的隐性价格。在建立健全风险披露制度时,可以与中小企业会计事务所等联合,同步核算,双向检验,保证从供给和需求两方面确定利率系统名义和实际价格,以及其缺口大小,再拟定相应政策,针对相应情况动态降低缺口水平。

2.完善充实银监系统基本数据库

建设并完善基本数据库是温州地区市场化改革进程中的金融监管当局的当务之急。在人民银行的统一领导下,联合财税部门,逐步建立起覆盖温州地区企业和个人信用信息的温州地区金融系统征信数据库。并通过第三方组织对其中覆盖的业务领域、客户范围与真实性予以证明,充分发挥市场主体在信用数据库建设中的积极性。

第五章　西部革命老区庆阳市金融改革创新研究[①]

自改革开放以来,特别是实施西部大开发战略以来,党中央、国务院对广大老区和西部地区的发展给予高度重视与大力支持,经济社会发展取得了巨大成就。但由于自然、地理、历史等原因,广大老区和西部地区经济社会发展面临许多困难及问题,区域发展的差距仍较大,尤其是在经济社会发展中处于核心地位的金融,远远滞后于东部地区的发展水平且差距仍呈现拉大趋势。金融发展滞后已成为制约广大老区和西部地区经济社会转型发展的重要因素和实现区域协调发展中不容回避的重大问题之一,亟须顶层设计规划,动员多方资源,集国家和省、市合力推动金融改革创新发展。

未来一段时期是庆阳市打造国家级区域能源中心、实现跨越式发展的重要战略机遇期。金融作为现代经济的核心,是推动科学发展、转变经济发展方式、促进社会和谐的重要支撑和引导力量。在新

① 本章系浙江大学经济学院、浙江大学金融研究院 2012 年 4 月启动、2012 年 12 月完成的《西部革命老区庆阳市金融改革创新研究》成果之一。课题总负责人:何嗣江副教授。课题调研中得到了甘肃省人民政府金融工作办公室、庆阳市金融管理局、中国人民银行庆阳市中心支行、庆阳市银监局、庆阳市证监局等单位的大力支持,在课题设计、课题报告写作过程中得到了浙江大学经济学院副院长、浙江大学金融研究院副院长杨柳勇教授的精心指导,在此表示感谢! 本章执笔:何嗣江、严谷军。

的形势下,把金融业摆上优先发展的战略位置,健全金融体系,优化金融结构,促进各类资源要素融合,挖掘经济增长潜能,增强金融对经济社会发展的服务能力和保障能力,对于庆阳把握重大发展机遇、在全省跨越式发展中发挥率先突破作用,将具有重大战略性意义。为了明确庆阳市发展金融业的战略定位、金融改革的重点领域和金融发展的主要任务,推进庆阳金融业的创新发展,提升金融业服务地方经济的能力,实现金融与经济、社会的互动和谐发展,同时为广大老区和西部地区探索出一条可持续和具有示范意义的金融改革创新之路,特开展此项研究。

第一节　改革创新的背景

一、改革创新的规划依据

随着西部大开发、老区振兴等战略的实施,国家支持庆阳革命老区的力度之大前所未有,着力加快老区发展的政策导向十分明确。

《中华人民共和国国民经济和社会发展第十二个五年(2011—2015)规划纲要》(以下简称"十二五"规划)提出,坚持把深入实施西部大开发战略放在区域发展总体战略优先位置,坚持以点带面,培育新的经济增长极;进一步加大扶持力度,加强基础设施建设,强化生态保护和修复,提高公共服务水平,切实改善老少边穷地区生产生活条件;继续实施扶持革命老区发展的政策措施。

《中共中央国务院关于深入实施西部大开发战略的若干意见》(中发〔2010〕11 号)提出,支持呼(和浩特)包(头)银(川)、新疆天山北坡、兰(州)西(宁)格(尔木)、陕甘宁等经济区发展,形成西部地区新的经济增长带;引导资源富集地区可持续发展,形成国家战略资源接续地和产业集聚区；切实加大扶持力度，加快推动革命老区、民族地区、边疆地区、贫困地区脱贫致富，走出一条符合各地区实际的发展路子。《陕甘宁革命老区振兴规划(2012—2020)》也要求，加快建设陇东煤电化工基地、西电东送基地和现代旱作农业示范基地；强化与关中—天水经济区及省会城市的联系，统筹区域内煤电一体化、兰州石化深加工布局，培育成为新的经济增长点；将庆阳建设成为能源化工基地和区域性中心城市、人文魅力城市、生态示范城市。

《国务院办公厅关于进一步支持甘肃经济社会发展的若干意见》(国办发〔2010〕29号)着重指出，甘肃是我国西北地区重要的生态屏障和战略通道，在全国发展稳定大局中具有重要地位；实施"中心带动、两翼齐飞、组团发展、整体推进"的区域发展战略，要求着力推动平(凉)庆(阳)、酒(泉)嘉(峪关)经济区加快发展，加快陇东煤炭、油气资源开发步伐，构建以平凉、庆阳为中心，辐射天水、陇南的传统能源综合利用示范区，形成甘肃东西两翼齐飞的经济增长新格局。

金融是现代经济的核心。实践证明，不同地区间经济的竞争，已越来越取决于金融优势的竞争。优化金融资源配置，增强金融创新能力，成为发展经济的重要动力。为保障"十二五"规划等中央文件对庆阳革命老区所确定的目标与任务的完成，在新形势下加快广大老区和西部地区的全面振兴，必须把握政策导向，扎实高效地推进金融改革创新，加快金融产业发展，以充分发挥金融在优化资源配置、推动经济社会转型和结构调整中的积极作用。

二、改革创新的基础条件

近些年来，庆阳市经济社会发展取得了很大成绩，全市经济发展正呈现出总量扩张、增速加快、结构优化、质量效益同步提升的态势。伴随着经济的快速增长，庆阳金融业亦获得了长足发展，现已基本建立起了机构日益增多、市场总量逐步扩大、服务相对完善、环境相对优越、监管较为有力的金融体系。全市经济金融的持续健康发展，为今后时期金融业的进一步深化改革和加快创新奠定了基础。

1. 金融运行态势良好，金融改革具备基础

近年来，庆阳市树立"金融兴市，资本富民"的理念，把健全地方金融体系作为拓宽融资渠道、促进经济发展的根本举措，创新思路，强化扶持，地方金融业呈现出良好的发展态势。

（1）地方金融服务体系不断完善

目前，全市有银行业金融机构 5 类，分支机构 347 个，从业人员3475 人。其中政策性银行和邮政储蓄银行各 1 家，大型商业银行 4家，农村中小金融机构 12 家。全市现有保险机构 12 类，分支机构 85个，从业人员 3108 人。华龙证券、海通证券在庆阳市设有经营机构，客户保证金余额近 2 亿元。此外，还有各类准金融机构近 200 家，其中小额贷款公司 30 家，担保公司 36 家，典当行 25 家。全市已基本形成以大型商业银行、农村信用社为主体，地方性商业银行、新型农村金融机构为补充，多种金融机构并存的地方金融组织体系。

（2）金融服务水平不断提升

在扶持中小微企业、服务"三农"、扶助弱势群体等领域，庆阳各类金融机构不断创新产品和服务方式，提高金融服务能力与质量。各国有大型商业银行驻庆阳二级分行先后成立了中小微型企业金融业务中心，对中小微型企业实施单独管理，开辟了审贷绿色通道。各金融机构根据中小微型企业的产权制度和经营特点，开发出联贷联保、存货质押、"助保金"贷款等 30 余种中小微型企业信贷创新产品。探索加强银保合作，开创了一条"担保＋协会＋企业"的"庆阳模式"担保发展之路，有效缓解了小微企业融资难问题。2008 年以来，庆阳大力推广农户小额信用贷款，目前全市农村合作金融对辖内 41.09万农户进行了评级授信，评级授信面达到 81.64％，核发贷款证

39.26 万户,占评级授信农户的 95.5%。农户小额信用贷款现已遍及全市 119 个乡(镇)、1315 个行政村,在支持"三农"发展中发挥了积极作用。

(3)金融生态环境不断优化

庆阳市各级政府及金融监管部门坚持依法监管和在发展中化解风险的原则,重视整顿金融市场秩序,注重创建诚信文化体系,维护金融秩序与金融安全。围绕创建"西部金融生态城市"的目标定位,市政府先后制定并印发了《关于预防和制止逃废金融债务打击金融违法犯罪行为的意见》、《关于支持农业银行庆阳分行和全市农村信用社不良贷款清收工作的通知》等文件,依法打击破坏金融秩序、恶意逃废银行债务等行为,营造了相对良好的金融生态环境。2010年,庆阳市被中国金融业协会、中国城市建设发展促进会、中国品牌管理协会等机构联合授予"全国最具经济活力金融生态城市"称号。

2. 金融改革取得进展,改革需求日益迫切

2009 年,庆阳市被甘肃省政府确定为全省金融改革试点市,按照"深化金融改革增活力,健全组织体系强基础,提升服务质量上水平,加强银地合作促发展"的思路,大胆探索,创新突破,着力增强金融体系的整体活力。试点开展以来,已在健全金融工作机制、培植多种形式的地方金融机构等领域取得了显著成绩,为今后深化改革奠定了基础。

(1)理顺地方金融管理体制

庆阳市于 2007 年成立了市政府金融工作办公室,承担协调联系一行三局、管理服务地方金融机构、推动庆阳金融产业发展等职能。健全了市、县两级金融工作管理体系,各县、区目前均成立了金融工作办公室,负责牵头各辖区内的金融发展工作,并建立了政府与金融机构联席会议制度,定期分析研究金融工作。从 2010 年开始,把金融工作纳入全市目标管理责任制考核,设立了市长金融奖励基金。

（2）新型农村金融机构试点强力推进

在2007年组建成立全省首家村镇银行（西峰瑞信村镇银行）的基础上,兰州银行作为主发起行拟在庆阳设立4家村镇银行,其中庆城、合水两家村镇银行已于2012年4月开业运营。此外,还组建成立了农村资金互助社1家。目前,庆阳市新型农村金融机构的数量和业务规模在甘肃省内处于领先地位。

（3）信贷投放规模扩大

针对金融机构在经营中面临的困难,市、县两级全力以赴给予支持,加强协调,跟踪服务,全面落实支持辖区银行机构发展的政策,引导和鼓励金融机构积极扩大信贷投放规模,促使其在当地吸收的存款主要用于当地发放贷款,加大对地方经济社会发展的支持力度。预计2012年全市贷款增量有望达到70亿元以上,存贷比有望较上年提高7个百分点以上。

（4）金融环境建设得到加强

近年来,庆阳市牢固树立"环境就是生产力,抓环境就是抓发展的理念",深入推进诚信企业、诚信乡镇建设,着力打造"诚信庆阳"。大力完善征信管理体系建设,探索建立信用评价体系,引导市场主体自律。注重强化领导干部的金融意识,将金融知识列入各级中心组学习内容,提高了各级领导干部运用金融推动经济发展的能力,基本形成了党政重视金融、全社会关注金融和支持金融的良好氛围。

3.经济发展势头强劲,金融创新空间广阔

（1）综合经济实力显著提升

近年来,庆阳市坚持以科学发展观为指导,按照甘肃省委、省政府"四抓三支撑"的总体思路和"科学发展、转型跨越、民族团结、富民兴陇"的要求,紧盯"建设国家级大型能源化工基地和全省重要的经济增长极"的战略目标,以资源开发为重点,以项目建设为突破,加快破解瓶颈制约,经济发展实现了诸多历史性跨越,全市经济总量大幅攀升,发展后劲明显增强,后发优势日益凸显。2011年,庆阳市完成生产总值451.4亿元,同比增长16.8%;规模以上工业增加值235.4亿元,增长23.1%;固定资产投资627.7亿元,增长52.2%;社会消费品零售总额112.1亿元,增长20%;财政大口径收入105.7亿元,增长79.8%,小口径收入44.3亿元,增长47.7%;城镇居民人均可支配收入14388元,增长15.5%;农民人均纯收入3673元,增长16.5%。综合经济实力位居全省第三位。

(2)资源开发步伐加快

庆阳作为长庆油田的发祥地和主产区,勘探开发已有40多年的历史,形成了开发区块15个,钻井8000多口,累计生产原油4300多万吨。2007年以来,集中开展了以华池、庆城、合水、环县为主战区的新一轮陇东油田大会战。煤炭资源勘探开发自2004年以来展现出广阔的开发前景,至目前,已有中石油、中石化、延长、华能、中铝、中电投等央企进驻开发。庆阳石化300万吨炼油搬迁改造工程已建成投产、刘园子煤矿即将建成投产;核桃峪和新庄超大型煤矿已开工建设;西峰2×30万千瓦热电厂、正宁和环县各2×100万千瓦煤电一期工程前期工作已启动;马福川、毛家川年产各500万吨大型煤矿即将开工建设。优势资源勘探开发进入了实质性阶段。

(3)资源富集优势明显

庆阳拥有"红、黑、绿、黄"四大资源。"红"即光荣的革命传统和丰富的红色旅游资源。庆阳是原陕甘宁边区的重要组成部分,是甘肃省唯一的革命老区,在中国革命史上具有"两点一存"的重要地位。光荣的革命传统和丰富的革命历史遗迹为庆阳发展红色旅游提供了得天独厚的优势。"黑"即丰富的石油、煤炭、天然气资源。境内油气资源总量近40亿吨,占鄂尔多斯盆地油气总资源量的41%。煤炭预测储量 2360 亿吨,占甘肃省预测储量的 97％,探明储量 140 亿吨。煤层气预测储量 1.4 万亿立方米。具备建设千万吨级大油田、亿吨级大煤田和千万千瓦装机容量煤电基地的资源条件。"绿"即丰富的绿色农产品和子午岭生态旅游资源。庆阳是全国面积最大的黄花菜生产基地、最大的杏制品和白瓜子加工出口基地,东部的子午岭林区是黄土高原最大的水源涵养林。"黄"即以岐黄文化、农耕文化、民俗文化为代表的黄土地域文化资源。庆阳是中医鼻祖岐伯的故里和周祖农耕文化的发祥地,香包、刺绣、剪纸等民俗文化底蕴深厚。

丰富的资源将为庆阳经济社会加快发展构筑重要支撑。为将庆阳的资源优势转化为产业优势,必然要求积极发挥金融的重要功能与作用,从而为金融业的发展与创新提供广阔空间。

基于上述条件,可以认为:在庆阳作为甘肃地方金融改革试点市的基础上,在新形势下进一步全面深化庆阳市金融改革创新,能够有效地发挥其对于西部地区和革命老区金融改革创新试验田的作用,引领广大老区和西部地区金融、经济社会协调发展,实现区域发展共同繁荣和人民共同富裕。

三、加快改革创新的紧迫性

目前,广大老区和西部地区经济金融发展水平总体上仍然较低。广大老区和西部地区的现行金融体系中不仅存在严重的"失血"机制,"造血"机制也存在着功能性缺陷,主要表现在其融资体系占主导地位的商业银行系统存贷比过低,缺乏与广大老区和西部地区"三农"、小微企业、特色产业发展融资需求相适应的融资制度和融资服务技术。金融发展滞后已成为制约广大老区和西部地区经济社会转型发展的重大障碍。

从庆阳市来看,金融发展的滞后突出表现在"四个不相适应"上:一是增速缓慢的信贷总量与区域经济快速发展的形势不相适应。目前庆阳银行业存贷比较低,与全市经济社会发展对资金的旺盛需求形成强烈的反差。2012 年末,庆阳市银行业金融机构存贷比为48.11%(全省 71.04%),低于全省近 23 个百分点;人均占有贷款9300 元(全省28134 元),比全省人均低 18834 元。特别是辖区内 4家国有商业银行创新能力不足,贷款增速缓慢,至年末,存贷比仅为28.71%。大型银行对地方经济的贡献度尚较为低下。二是农村金融功能弱化与"三农"发展要求不相适应。全市农村每万人占有金融机构仅 0.7 个,比全省平均低 1 个左右。虽然近几年组建了一批新型农村金融机构,但发展仍比较缓慢,小额贷款公司均设在县城以上城市,农村处于空白。有超过90%的乡镇只有一家金融机构,农村金融市场缺乏竞争,有效信贷需求得不到满足。三是资本市场建设与推进经济持续快速发展的要求不相适应。庆阳资本市场总体发展水平低下,融资功能没有得到充分发挥,上市融资还处于空白状态,股权融资、发行债券等数量有限,资本市场中介服务体系比较薄弱,资本市场优化资源配置、促进产业结构调整的功能尚未有效发挥。四是潜在的金融风险与经济社会和谐发展的要求不相适应。全市现有准金融机构共 4 类 184 户,民间融资比较活跃,但缺乏统一的行业监管,对经济金融安全与社会安定和谐构成了潜在威胁。全市农业抗灾能力低下,对涉农贷款造成了很大的风险,银行开发农村金融产品信心不足。

上述金融发展与老区经济发展要求的不适应、不匹配,使得加快金融改革创新的要求日显紧迫。以改革为动力,以创新为手段,构建与加快老区经济发展相适应、与转型升级相协调、充满活力、富有效率的金融体制和运行机制,应被提上重要的议事日程。

四、改革创新的意义

《西部革命老区庆阳市金融改革创新研究》这一课题不仅是庆阳

经济社会转型发展的内在需要,也是借鉴发达地区金融支持经济社会转型发展经验,探索老少边穷地区金融、经济和社会协调发展路径,构建西北地区生态屏障,保障国家安全,缩小区域发展差距,促进东、中、西部地区经济社会协调可持续发展的必然要求。

1.有利于推进"四大基地"建设和城乡金融服务均等化发展

"十二五"期间,"四大基地"建设将成为庆阳市经济发展中的中心工作,由此将催生一系列重大项目,优势资源开发、特色产业培育、实体经济转型跨越发展,预计产生总投资超过 4000 亿元,特别是随着区域发展格局的变化,庆阳市在资源和区位上的重要性日益凸显,投资项目回报将十分可观,或将成为金融机构和企业看好的热土、投资的乐土、回报的沃土。然而目前庆阳市金融市场无法满足这些需求。庆阳资本市场发展十分缓慢,全市经济社会发展融资基本上全靠商业银行提供的间接融资,其信贷规模远不能适应庆阳市工业化、城镇化和城乡一体化快速发展中旺盛的融资需求。亟须通过金融改革创新发展,打造强势的多元化融资体系,为庆阳市加快资源优势向经济优势转换注入新鲜血液。

与此同时,"十二五"期间,庆阳市人均 GDP 将跨越 3000 美元,城镇化率也将从目前的 30%(远低于同期全国的 46.6%、全省的 34.6%的平均水平)提高到"十二五"末的 40%,城乡发展将从基本统筹阶段向整体协调阶段迈进;与此同时,市委市政府将举全市之力,按照普惠制、全覆盖、均等化、可持续的原则,深入实施"十大惠民工程",促使保障和改善民生工作系统化、制度化。可以预见,在城镇化、城乡一体化快速发展和"十大惠民工程"深入实施过程中,普惠金融需求将十分强劲。长期以来,城镇化、城乡一体化发展中失土、离地农民自主创业,农业产业化发展和新农村建设中基本金融供给严重缺位。目前,全市 347 家各类金融机构中仅有 46%约 160 家设在乡镇以下,服务着占全市总人口86%的农业人口;虽然近几年组建了一批新型农村金融机构,但也远远不能满足县域经济快速发展的金融需求,结构单一的农村金融体系与城镇化和城乡一体化快速发展中旺盛的融资需求严重不相适应。农村金融是现代农村经济的核心。欠发达地区贫困群体形成的原因固然是多方面的,但长期得不到应有的金融服务也是不容忽视的一个重要因素。秘鲁经济学家赫尔南多·德·索托(Hernando de Soto)在《资本的秘密》中写道:"贫困人群之所以贫困,是缘于其不具有资源资本化的能力";2006年诺贝尔和平奖得主、孟加拉乡村银行家穆罕默德·尤努斯(Muhammad Yunus)在2007年4月博鳌亚洲论坛上指出:"60%的人口只拥有全世界总收入的6%,而贫穷却是制度失灵所致"。面对革命老区经济社会转型发展中巨大的普惠金融需求,亟须借鉴国内外成功的小微金融发展经验,通过金融改革创新发展,努力构建城乡金融服务均等化的金融组织体系,凸现小微金融引富助贫、共同致富的功能。

2.有利于进一步深度推进西部大开发战略的实施

近年来,国家直接或间接出台了包含支持甘肃等广大老区和西部地区发展内容的规划文件共10余个,主要包括《国务院关于支持青海等省藏区经济社会发展的若干意见》、《关中—天水经济区发展规划》、《中共中央国务院关于深入实施西部大开发战略的若干意见》、《国务院关于中西部地区承接产业转移的指导意见》、《国务院办公厅关于进一步支持甘肃经济社会发展的若干意见》、《中共中央国务院关于加快四川云南甘肃青海省藏区经济社会发展的意见》、《西部大开发"十二五"规划》、《陕甘宁革命老区振兴规划》等。党和国家主要领导人也对甘肃等广大老区和西部地区今后的发展寄予厚望,并多次反复强调和叮嘱"加快革命老区发展不仅是重大的经济问题,更是重大的政治问题,是治国安邦的重大问题;当务之急是:抓紧抓实各项规划、把政策措施落到实处,把经济搞上去,与全国同步进入全面小康"。甘肃省委、省政府正深入实施"中心带动、两翼齐飞、组团发展、整体推进"区域发展战略,大力发展循环经济,并将庆阳市作为"东翼"发展的主战场和全省规划的七大循环经济基地之一。长期以来,由于种种原因,欠发达地区金融发展不仅落后于当地经济社会发展水平,更远远滞后于发达地区金融发展水平;与此同时,发达地区金融改革创新发展受到各级政府的高度重视,金融改革试验区、金融中心等纷纷展开,老少边穷地区宝贵的资金等金融资源纷纷外流成为"常态",中小微企业"融资难、融资贵"长期存在并有愈发严重的趋势。金融是现代经济的核心,实践表明,在经济发展比较快的国家和地区,金融发展都体现了超前性和先导性,金融不但决定着投资规模,而且引导着资源配置、结构调整和经济发展的水平和活力。抓紧抓实各项规划、实施"中心带动、两翼齐飞、组团发展、整体推进"区域发展战略离不开金融的有效支持,亟待政府率先谋划、实施金融改革创新发展战略。

3. 有利于探索适合广大老区和西部地区的金融改革创新路径

庆阳市既是资源富集区,也是西部贫困地区,又是重要的革命老区,在广大老区和西部地区欠发达地区非常具有典型性。多年来庆阳市经济总量位居甘肃省第三、增幅位居全省第一且发展势头强劲,未来经济社会发展中金融需求旺盛。一方面,"国家级传统能源综合利用示范基地"、"全国绿色农产品生产加工出口创汇基地"、"全国重要的红色旅游胜地"、"全国民俗文化创意产业示范基地"四大基地建设将促进能源、农业、旅游、文化等四大特色产业的快速发展;另一方面,庆阳等革命老区也正处于城镇化初期向中期过渡的阶段,加快推进城镇化和城乡一体化建设、全面促进城乡统筹发展任重道远。由此必将催生大量的诸如创业资本、风险投资、融资担保、财务管理、居民消费与财富管理等的新型金融需求,为新形势下构建创新型金融组织体系、促进金融产业创新发展带来强劲的动力。同时,自2009年庆阳被列为全省金融改革试点市以来,其在健全金融工作机制、培植多种形式的地方金融机构等领域取得了一定的成绩,累积了一定的金融创新发展经验。在庆阳率先开展金融改革创新,对于探索与广大老区和西部地区经济社会发展特点和发展阶段相适应的金融改革创新路径安排,进一步发挥金融对实体经济发展的支持和服务作用,扎实高效地推进西部大开发战略,引领广大老区和西部地区人民与全国同步进入全面小康,具有非常重要的试验作用和示范意义。

第二节　指导思想与发展原则

一、指导思想

以邓小平理论和"三个代表"重要思想为指导,深入贯彻落实科学发展观,以加快改革创新为强大动力,以保障和改善民生为根本目的,紧紧抓住国家深入实施西部大开发的有利机遇,围绕金融服务实体经济的本质要求,把加快金融业改革发展摆在优先发展的战略位置,勇于先行先试,着力推进小微金融、农村金融、产业金融和地方资本市场创新发展,显著增强金融对经济社会发展的支撑能力,为广大老区和西部地区探索出一条可持续、可复制的"服务'三农',为民富民,产融互动"的发展之路,促进广大老区和西部地区的全面振兴,与全国同步进入全面小康。

二、发展原则

——坚持政府助推,实现超前发展。既要充分发挥市场对金融资源配置的基础性作用，保证金融产业运行的相对独立性；又要充分发挥政府对金融改革发展的引领、保障和促进作用。协调各方利益，把握制度变革的大方向，结合实际制定前瞻性金融产业发展规划，形成金融产业和重大项目建设的整体思路，支持和保障重点金融区域的建设，优化金融空间布局，实现庆阳金融产业超前发展。

——坚持区域协调，实现错位发展。在庆阳金融业发展中，实现区域协调是一个始终需要把握好的问题。既要优化金融结构和布局，完善金融组织体系、市场体系、服务体系，做大做强金融产业，促进金融自身的科学发展；又要紧紧围绕打造"具有庆阳（西部）特色、全国意义的支持老区经济社会转型发展的金融综合改革创新示范市"和实现"陕甘宁革命老区振兴规划"的总体目标，发挥金融在产业转型、绿色发展、引富助贫中的重要作用，树立资源共享、优势互补的理念，实现错位发展。

——坚持创新驱动，打造金融业竞争优势。坚持理念创新、经营创新、服务创新、组织创新，在小微金融、农村金融、产业金融、地方资本市场等改革创新发展方面勇于突破，积极开发适合经济社会转型发展需要的金融新业态、新产品、新服务方式，以创新求提升，以服务增强覆盖率，努力提高金融业综合竞争实力，打造金融业竞争优势。

——坚持融合统筹，提升金融业服务能级。以推进城乡金融公共服务均等化为目标，深化能力建设，通过大力发展普惠金融（农村金融、小微金融），提高村镇（街道）金融服务水平和质量，逐步实现庆阳金融业区域融合、城乡统筹的发展格局，提升金融业服务能级。

——坚持低碳导向，提升生态文明水平。当今世界，在经济发展与资源环境矛盾日益突出的情况下，坚持低碳导向、发展绿色经济已成为一个重要趋势。庆阳金融业发展过程中，在坚持低碳原则的同时，更要发挥绿色金融在构建"黄土高原生态文明示范区"和"资源节约型、环境友好型社会"进程中的引导与调控功能。通过建立绿色政策法规和发展低碳金融市场,形成一股绿色投资、绿色生产、绿色消费的潮流,营造一个人与自然、人与人、人与社会和谐共生,全面发展、持续繁荣的经济社会环境。

——坚持防范风险,提高金融业运行质量。既要坚持以创新的思路和方法解决发展中存在的各种问题,积极发展和研发适合经济社会转型发展需要的金融新业态、新产品、新服务方式;又要坚持风险防控,完善金融风险预警机制,健全金融风险防范体系,提高金融业可持续发展能力和运行质量。

第三节　战略定位与发展思路

一、战略定位

庆阳市金融产业发展的战略定位应紧紧围绕金融服务实体经济的要求,坚持率先试验与风险可控的原则,以满足日益增长的金融需求为主线,加强体制机制创新,推进金融综合改革,勇于在农村金融、小微金融、产业金融、地方资本市场等方面先行先试,着力破解"民间资金多、投资难,小微企业多、融资难"的问题,形成与庆阳市经济社会协调发展的金融支撑体系,促进庆阳市金融产业的创新驱动和内生增长,把庆阳打造成为"具有西部革命老区特色、全国意义的支持广大老区和西部地区经济社会转型发展的金融综合改革创新示范市",引领并促进广大老区和西部地区实现产业、城市和社会平稳较快的转型发展。

——加速发展产业金融,推进产业转型升级。把做强产业金融作为庆阳产业转型升级的主要推进器,率先通过能源、农业、旅游、文化等特色产业金融创新发展,满足庆阳传统产业结构转型升级和能源等战略性新兴产业及现代服务业发展中日益增长的金融需求，提升金融服务经济的能力，促进产业转型升级，实现经济的优化发展。

——重点发展资本市场，强化城市经济活力。把做优地方资本市场作为增强城市经济活力的主要载体，充分发挥革命老区区位优势和丰富的自然资源优势，牢牢把握实施《陕甘宁革命老区振兴规划》等发展建设机遇，通过地方资本市场创新发展，汇聚人才、技术和信息等高端资源，促进创投、风投等新型金融机构向庆阳集聚，并以此带动其他金融业务的发展和金融信息技术、外包服务企业、金融中介服务机构、金融研发及培训服务等辅助性机构进驻庆阳，增强城市发展活力和金融集聚辐射能力，为城市又好又快地转型发展提供新的动力。

——大力发展普惠金融，推进社会和谐发展。把做实普惠金融（小微金融、农村金融）作为社会转型发展的中心工作，以"城乡统筹"为基础，通过构建城乡金融服务均等化组织体系，做实农村金融和小微金融，增强新农村建设、农业产业化发展和农民创业的动力，让长期被正规金融机构边缘化的、有真实需求的个体工商户和微小企业主能够以合理的价格，方便、及时、有尊严地获取高质量的金融服务，共享改革开放的成果，推动社会和谐发展。

二、发展思路

全市应把金融创新发展工作提高到前所未有的历史性高度，动员多方资源，集国家、省、市、县之合力，紧紧围绕一个主题明确定位，重点实现两大突破，整体提升三种能力，着力推进四大创新，引领并推动老区和西部地区金融与经济、社会的良性互动发展。

——围绕一个主题明确定位。陕甘宁革命老区振兴规划的实施和省级金融改革试点市的推进为庆阳市金融业的发展提供了巨大空间，未来若干年内庆阳市金融业的发展应紧紧围绕建设"具有西部革命老区特色、全国意义的支持广大老区和西部地区经济社会转型发展的金融综合改革创新示范市"这一主题展开,依托革命老区政策、自然资源等优势,借势发展、错位竞争,突出强化金融服务功能,整体提升金融产业发展水平。

——重点实现两大突破。一是凸现金融催化剂和倍增剂功能,实现特色产业发展的资金要素保障水平的突破。紧紧抓住国家能源化工基地建设、农产品加工业、红色文化旅游等特色产业的发展机遇,通过现代金融市场的发展,实现资源资本化、资产资本化、知识产权资本化、未来价值资本化,从根本上扭转商业银行体系中的"失血"状况,强化资金资源要素的集聚与整合,助推革命老区产业转型升级。二是凸现普惠金融(农村金融、小微金融)引富助贫功能,实现城乡金融服务均等化的突破。加大金融创新支持力度,着力引进国内外成功的微型金融技术并进行本土化,强化普惠金融"造血"功能,全面推进革命老区城乡金融服务均等化,提升对弱势群体的金融服务水平,帮助弱势群体自主创业、改善生活,加快实现富民惠农奔小康。

——整体提升三大能力。通过特色产业金融创新发展,整体提升金融产业助推产业转型升级的动力,促进经济优化发展;通过农村金融和小微金融创新发展,整体提升普惠金融引富助贫和共同致富的能力,助推社会和谐发展;通过地方资本市场创新发展,整体提升庆阳的资源配置能力,强化城市经济发展活力。

——着力推进四大创新。围绕"理念"、"机制"、"产品"、"环境"四个维度推进创新。一是重视金融发展的战略地位,推进金融发展理念创新;二是加强金融产业发展的组织领导,推进金融发展工作体制机制创新;三是健全完善金融产业体系,着力推进金融市场与金融产品的创新;四是大力推进信用体系建设,提高全社会诚信意识,强化金融环境创新,营造金融发展的良好外部条件。

第四节 主要任务与创新举措

一、提升发展小微金融

发展小微金融,是解决小微企业和低收入群体融资难题的必要举措,是构建适应现代市场经济要求的金融体系的重要环节,具有十分重要的意义。庆阳应积极引进国内外小微金融服务的成功经验和先进技术,进一步丰富小微金融组织体系,大力加快小微金融产品和服务方式创新,推进建立多层次、多元化的小微主体融资机制,以求通过"引富助贫"实现"保民生、促发展"的战略目标。

1. 创新发展微型金融

积极借鉴国内外成功经验,加快发展微型金融,帮助贫困人群进入金融体系从而获得金融服务的机会,加快老区脱贫步伐,实现富民兴陇、全面小康的目标。

(1)加强微贷技术的引进吸收和本土化

加强与国内外相关机构的合作,成立微型金融研发与培训基地。大力引进各种成熟的微型金融技术,支持、协助市内有关金融机构与国内外成功的创新型微型金融组织开展合资、合作,成立微型金融研发与培训基地,积极借鉴、吸收现有的涉及微型金融的各种技术、机制创新和"最佳实践",逐步增强本地微型金融机构结合庆阳实际进行自主创新的能力。注重加强对市内金融机构特别是农村合作金融机构、村镇银行、小额贷款公司等微型金融组织员工在微型金融理念、技术、制度、操作等领域的培训。

（2）着力丰富微型金融的组织体系

鼓励商业银行和农村合作金融机构通过内部业务单元、金融子公司等模式进入微型金融领域，支持正规金融机构参股微型金融组织，积极探索商业金融直接或间接参与微型金融服务的各种有效方式。支持民间资本参股设立村镇银行，积极发展立足基层、主要支持小微企业的小型社区类金融机构。鼓励金融机构尝试通过零售代理人提供微型金融服务。借助邮局、小超市、杂货店、加油站等网络，利用其掌握客户信息的优势，由其代理银行提供微型金融服务，解决部分乡镇金融网点不足的问题。积极探索通过设立"移动"支行（如具有特殊功能的车辆）等创新形式来为农村偏远地区提供金融服务。

（3）积极发展多元化的微型金融服务和产品

大力发展小额信贷服务，引导金融机构以需求为导向，针对农户、个体工商户、微型和小型企业特点，量身定制种类多样的"支农扶小"小微贷款产品。增加财政资金投入，运用财政贴息、以奖代补、提供担保和风险补偿等手段，加大对商业性金融机构从事创业小额担保贷款的支持力度。将具备一定条件的大学生、在城市创业的农民工纳入小额担保贷款支持对象。推进担保与小额信贷的结合，重点发展以行政村、农业专业合作社等为单位，基于农村金融机构和担保公司业务合作的批量式担保贷款，提高小额贷款放贷效率。推进小额保险的发展，着重研发附加医疗保险和小额意外险的产品，推出支付保费与收获季节相衔接的小额保险产品，以及提供灵活付费方式的小额保险。推进小额保险与小额信贷相结合，探索开展小额贷款信用保证保险，有效强化小额信贷的担保机制，降低放贷机构开展小额信贷业务的风险。

2.进一步强化小微企业的金融支持

(1)加强商业银行小微企业专营管理建设

引导商业银行按照单列信贷计划、单独配置人力和财务资源、单独客户评定与信贷评审、单独会计核算的"四单原则",加大专营机构管理和资源配置力度。继续支持商业银行新设或改造部分分支行作为小微企业金融服务专业分支行或特色分支行,充分发挥专业化经营优势。

(2)深化小微企业信贷业务和服务创新

鼓励银行业金融机构创新各类符合实际需要的小企业财产抵(质)押贷款品种,推进股权质押贷款、商标专用权质押贷款等业务,探索开展出口退税权质押、仓单抵押、经营租赁权质押、应收账款质押、排污权质押等贷款品种。支持商业银行根据小微企业的资产和信用状况,灵活采用保证、抵押、质押等担保方式或组合担保方式。积极推进小企业贷款联保增信计划,建立小企业贷款联保增信平台。支持银行业金融机构发行小微企业专项金融债,开展小企业信贷资产证券化,探索"主动负债—小企业贷款—证券化"的小企业融资混合式循环解决方案,提高银行放贷能力,增强为小企业持续服务的能力。

(3)加强小企业融资担保机构业务创新

坚持多元化出资与政策扶持相结合,推进建设以商业性和互助性担保公司为主体,以政策性担保公司为辅助的多层次小企业融资担保体系,架通银企合作的桥梁,改善庆阳小微企业融资环境。鼓励担保机构创新业务发展模式,对信用记录良好的小企业,积极创新严格意义上的信用担保方式;对缺乏信用记录的小企业,在担保的抵(质)押物、担保品种以及担保方式等方面进行创新。支持担保机构和银行之间在小企业贷款利率优惠、信用评价、信息共享、放大倍数等方面进行探索,建立双方可接受的风险分担机制。

（4）支持典当企业做专、做强

以提升行业整体质量为重点,以加强业务监管为抓手,以加快诚信体系建设为保障,努力打造运作规范、服务高效的庆阳典当业,以其小额、短期、简便、快捷、灵活的融资方式,发挥救急解难、拾遗补缺的作用,成为解决小企业短期资金需求和方便群众生活的重要手段之一,成为银行等金融机构的有益补充。引导典当行做精小额民品典当等典当行业的传统项目,稳步扩大业务量,并逐步适当增加典当融资服务品种。鼓励和支持有条件的典当企业进行股份制改造,增加实力。准许经营规模大、资金使用效率高、运作规范的典当行设立分支机构。鼓励大中型典当行采取连锁经营模式,扩大市场规模,实现错位经营。

（5）扶持发展小企业融资综合服务商等中介组织

支持成立小企业融资综合服务商等新型专业化中介组织,构建小企业金融产品供需匹配与研发创新平台,帮助小企业建立与银行、信托、担保、租赁、风险投资、私募基金、典当等各类金融产品供应方的融资渠道,担当小企业全程融资、理财、资本运作的财务管理顾问,为小企业解决成长过程中的综合金融需求提供专业、周到的服务。

3.加强社会信用体系建设

形成诚实守信的社会氛围,是经济发展、社会进步、人际关系和谐的基本前提,也是金融发展的必要环境。要加强金融参与者的诚信教育和征信知识的宣传,继续深化"信用户"、"信用村"、"信用镇"、"信用街道"、"信用社区"、"信用企业"的创建力度,利用以点带面、以面促全的辐射带动作用,加快推动"诚信庆阳"的建设步伐。积极开展社区居民、中小微企业信用等级评价工作,促使企业和个人信用行为逐步规范化,形成诚信光荣的社会风气。

（1）探索创办庆阳金融网

搭建政府、金融机构、征信机构与企业、个人共同参与的金融信息交流平台，加深银行、证券、保险、农村资金互助社、小额贷款公司、担保公司、典当公司等金融机构或组织之间的信息交流与共享，加强项目融资需求与金融机构的对接，积极为投融资主体提供较为可靠的投融资参考信息，为民间资金投资和中小微企业融资提供政策咨询、投融资问题答疑、投融资项目申请受理等综合服务，形成覆盖政府、企业和个人的投融资信息服务网络，有效缓解"两多两难"困局，提升服务"三农"和小微企业融资的水平和质量。

（2）着力构建企业和个人统一信用信息平台

扩大信用信息采集范围，加大非银行信用信息的采集力度，以人民银行的企业和个人信用信息基础数据库为基础，整合银行、工商、税务、环保、人事劳动保障、海关、公检法、仲裁、质监、教育、计生、公用事业等相关部门和公共服务机构掌握的企业和个人信用数据资料，构建统一的信用信息平台，全面反映企业和个人的信用状况，逐步建立信用信息共享机制。出台信用信息征集与披露管理办法，统一信用信息格式、信用信息分类、信用评价指标、信用报告文本和征信数据库建设规范等，为实现信用信息互联互通创造条件。引导和推动信用评级（评分）结果在贷款、保险、政府采购、项目招标、企事业单位用人考核等方面的广泛运用。逐步形成以政府信用为保障、个人信用为基础、小微企业信用为重点的社会信用体系。

（3）积极推进农村信用体系建设

探索建立农户信用信息综合评级系统，全面记录农户生产生活、家庭资产和负债、社会信用、资金需求和还贷能力等信息，逐步建成覆盖全面的农村信用信息系统。引导金融机构对信用评级较好的农户采取优先受理贷款、放宽贷款条件、增加贷款限额、简化审批程序等优惠政策，形成"扶持一个，带动一批"的示范效应。加快探索建立农民专业合作社等农村经济组织的信息采集与信用评价机制。

(4)健全失信惩戒和守信鼓励制度

建立对信用企业、信用村、信用乡镇的信用状况进行动态管理的机制,对信用良好者给予资金额度倾斜和利率优惠等政策,激励其强化诚信观念。健全负面信息披露制度,对失信企业和个人依法进行信用公示和警告提示。对有失信行为的企业和个人采取限制市场准入、限制消费、停发贷款等惩戒,对不良贷款率达到一定比例的村镇给予撤销"信用村"、"信用镇"称号等惩罚,促进形成信用自律。同时鼓励信用缺失者在一定期限内实施自我整改,主动纠正失信行为,构建信用修复机制。

二、提升发展农村金融

近年来,庆阳农村金融改革创新取得了积极进展。但总体上看,农村金融机构覆盖率低,有效信贷投入不足,针对"三农"特点的金融产品少,农村金融机构资产质量较差等问题仍然突出。加快农村金融改革、创新和发展,进一步活跃农村金融市场,事关庆阳新农村建设大局。为此,必须大力深化农村金融体制创新、服务创新和产品创新,探索建立高效有序的地方金融管理体制,推进形成以农村信贷体系为主导的多层次、广覆盖、防风险、可持续的现代农村金融服务体系,积极拓展以贷款为主体,保险、贷款担保、支付结算、抵押质押等相配套的支农金融工具和金融产品创新体系,切实增加农村金融的有效供给。

1.着力优化"三农"金融服务

(1)进一步深化农村合作金融改革

以服务"三农"、支持县域经济发展为宗旨,坚持农村信用社县域法人地位长期稳定的原则,进一步深化庆阳全市农信社产权制度和管理体制改革。本着自愿原则,支持国内具有服务"三农"、服务小微企业成功经验的金融机构参与本地区农信社股份制改革,直接传播与复制小微金融技术,提升本地区农信社服务"三农"、服务小微企业的质量与水平;结合县域经济发展情况,对部分市场化经营能力较强的县(区)信用社,按股份制模式重建组织机构,引入法人股东和其他投资股东,完善产权,壮大资本实力,转换机制,改制为农村商业银行,走市场化经营的道路,实现率先发展。适时选择西峰区、镇原县和环县三个联社先行试点,率先在全市组建农村商业银行。引导实力较强的县级行(社)帮扶实力较弱、县域经济发展水平较低的信用社,完善管理体制和内部监督制度,不断加大支农力度。力争经过三年的努力,把庆阳农信系统打造成为具有鲜明经营特色,机制灵活、财务良好、管理严谨,致力于为"三农"提供优质金融服务的社区性农村银行业机构。

(2)推进农村新型金融组织持续发展

扩大农村资金互助社试点,加大试点指标向革命老区的倾斜力度。鼓励农民和小微企业投资设立乡(镇)级农村资金互助社,有效促进农村闲置资金转化为资本,投向农村重点发展领域。引导银行与资金互助社建立资金与业务合作机制,对商业性金融机构向农村资金互助社批发贷款的,给予财政补贴和贴息,将商业性金融机构对资金互助社的批发贷款纳入涉农贷款风险补偿的范围。适当放宽对农村资金互助社存款利率的管制,争取对互助社实行更具弹性的定期存款浮动利率,以调动农民参与的积极性。结合大学生村官的选拔机制,引导部分高校毕业生到农村资金互助社就业,显著提高互助社员工的整体业务素质,增强持续发展能力。

扩大小额贷款公司机构的覆盖范围,积极探索小额贷款公司资金融通制度创新,开展融资比例、融资渠道等方面的试点突破,有效开辟小额贷款公司后续资金来源渠道,扩大贷款覆盖面。适度提高小额贷款公司主发起人及其关联股东首次入股比例的上限,允许小额贷款公司经批准向具有盈余资金的发起股东定向借款。对于效益好、经营规范的小额贷款公司,逐步提高银行融资比例至资本净额的100%以上。积极搭建小额贷款公司和商业银行的合作平台,支持资产转让、组合贷款等业务试点。适度放宽小额贷款公司贷款服务的地域限制,允许具备一定条件的小额贷款公司开设分支网点、在相邻县(区)进行跨区域融资服务。

支持民间资本作为主发起人发起设立村镇银行试点,适当放宽自然人持有村镇银行股份的最高限额,推进村镇银行的设立和发展,引导村镇银行向乡镇延伸网点。支持小额贷款公司转制为村镇银行,争取突破现有政策,选择风险控制好、业务定位明确、规范运行、股东资质高的小额贷款公司,不改变股权结构,直接改制村镇银行。探索按照市场化原则发展社区银行的有效途径。

(3)创新农民专业合作社金融服务

推进在农民专业合作社基础上组建资金互助组织。鼓励发展具有担保功能的合作社,运用联保、担保基金等联合增信方式,为其成员申请联合信用贷款提供担保。在村镇银行、小额贷款公司组建过程中,鼓励引入农民专业合作社作为股东,通过产权纽带,建立金融机构与专业合作组织的紧密联系。探索建立农民专业合作社的信息采集与信用评价机制。

(4)探索扩大金融支农信贷产品

完善推广农村土地承包经营权抵押贷款和林权抵押贷款等土地流转金融制度,支持农村金融机构开展农房抵押贷款业务。探索发展涉农保险保单质押贷款,创新银保合作信贷产品。试点开展信用农户授信与银行卡授信相结合的小额信贷产品。构建运作高效的所有权、用益物权、担保物权的评估、交易、处置平台,鼓励设立涉农担保基金(公司),有效拓宽农村融资抵押物范围,丰富"三农"贷款增信的有效手段,缓解"三农"贷款的抵押担保瓶颈制约。

(5)切实加强保险业对"三农"发展的支持

引导保险机构加大对"三农"的服务和支持力度,争取国家财政资金支持,增加政策性农业保险的承保品种和覆盖率,加快发展具有地方特色的农产品保险品种。积极开展农民住房保险和其他与"三农"有关的生产、财产、人身伤害、医疗等涉农商业保险,探索涉农贷款保证保险,鼓励发展涉农互助保险组织和农村保险合作社,建立起能有效保障农村居民生命财产安全、覆盖农业生产主要环节和风险的综合保险保障体系。推进在全市各乡(镇)设立"三农"保险服务站,在各行政村设立"三农"保险服务点,促进"三农"保险产品、服务、人员"三下乡",提升全市"三农"保险的覆盖面和服务的便捷性。

(6)深化实施"便农支付工程"

加快推进农村支付服务基础设施建设,延伸金融机构和组织服务触角,改善农村支付服务环境,促进城乡公共金融服务均等化。大力推广银行卡、支票等非现金支付工具在农村地区的使用,丰富农村支付结算手段;支持金融机构运用现代科技手段,在有安装条件的乡镇增加金融电子化机具的布设,推动自助终端、电话银行、手机银行、网上银行等电子渠道的推广和功能升级,延伸便民服务通道;支持农村金融机构开展"银行卡助农取款"服务业务,实现农村居民小额提现"不出村、零成本、无风险";大力推广农村金融服务进驻村级便民服务中心,实现金融服务和便民服务中心的有效结合,提升农村居民账户余额查询、涉农补贴支取、日常小额取现等基础性金融服务的可得性与便利性,构建亲农、便农、惠农的"金融绿色通道"。

2.推进民间金融规范运行

构筑明确合理的政策框架,逐步推进民间融资的组织化、阳光化运作,发挥民间融资在经济发展中的重要助推器作用,有效促进地方金融秩序的规范化。

(1)培育和发展民间借贷市场的咨询服务中介组织

鼓励公证机构和律师事务所开展民间借贷合同公证、民事纠纷法律咨询、代拟民间借贷合同等业务,为民间借贷提供法律中介服务。在合法合规的条件下,探索成立专门的民间借贷催收服务公司,提高催收的专业性,及时化解潜在的借贷纠纷,促进社会稳定与和谐。积极搭建一个透明、快捷、诚信、高效、安全的民间借贷网络信息平台,引导借款人和放款人通过参与该平台交流借贷供求信息、达成资金交易。

(2)鼓励商业银行开展民间借贷委托贷款业务

引导银行根据民间融资委托人确定的对象、用途、期限、利率等代为发放、监督使用并协助收回贷款,银行在此过程中只收取一定的手续费,不承担贷款风险。从而,依托银行发挥信用中介职能,为民间融资双方牵线搭桥。

(3)健全对民间金融的监测体系

不断完善民间借贷市场监测指标体系,扩大监测网点,对民间金融的融资规模、资金流向、融资对象、融资期限及利率变动等情况定期采集有关信息,并协同政府综合经济部门进行研究分析,定期发布民间借贷运行和风险状况的相关信息,公布民间金融市场的利率水平,使之制度化,以正确引导民间融资活动和投资方向。

(4)试点培养非银行放贷人

为丰富信贷市场层次,让民间借贷浮出水面、尽可能阳光化运作,争取试点允许个人注册从事放贷业务,以利于小企业和自然人通过正常的司法途径,保护自身的合法权益,借助合法的金融工具,加快资金周转,逐步将民间金融纳入正规化的监管范围,使其在促进小微企业多元化、多渠道融资方面更多地发挥出积极作用。

3.探索地方金融管理体制创新

争取中央政府政策支持,将对地方中小金融机构的监管权限适当下放至地方政府,探索建立中央和地方政府分别负责的地方中小金融机构二元监管体系。具体的框架可以是:中央政府负责制定基本的监管指导原则及业务指导、协调和风险预警等,在此基础上赋予庆阳市政府对地方中小金融机构的监管地位和一部分监管权力,参与地方中小金融机构从市场准入、业务经营及市场退出的监管,并承担相应的风险化解责任。两级政府分层负责的监管格局,将有利于地方政府发挥其独特的监管手段,降低监管成本,促进地方金融与庆阳经济社会更加协调发展。

明确小额贷款公司、融资性担保机构、典当行等机构的金融属性,整合现行分散于商务部、发改委、小企业工作部门等多个机构的监管权力,将庆阳市金融办改组为"市金融管理局",单设党组,配强人员,明确职能,由其负责对全市地方融资性金融组织的统一监管,提高地方金融工作水平。

三、大力发展产业金融

产业是基础平台,利用金融为产业服务,通过资源的资本化、资产的资本化、知识产权的资本化、未来价值的资本化,实现产业与金融的融合,促进并实现金融与产业互动融合发展。围绕促进开发优势资源和特色资源,着力发展能源金融、绿色农产品金融、旅游金融、文化金融等产业金融形式,努力健全地方金融组织体系,既是未来时期庆阳加快建设"四大基地"、调整优化经济结构的重要保障,也是庆阳金融业自身健康、可持续发展的内在要求。

1.着力推进能源金融发展

2010年6月29日,中共中央、国务院颁布实施的《关于深入实施西部大开发战略的若干意见》中提出,建设国家能源基地,加强重点经济区开发,支持陕甘宁等经济区发展,形成西部地区新的经济增长带。《陕甘宁革命老区振兴规划》指出发展目标是,到 2015 年,国家能源化工基地初步建成,到 2020 年,现代能源产业体系基本完备。围绕"将庆阳建成为国家级传统能源综合利用示范基地"这一发展目标,探索能源资本与金融资本不断优化聚合并形成能源产业与金融产业良性互动、协调发展的路径,对于促进庆阳加快油煤气资源勘探开发和转化增值,加快国家级传统能源综合利用示范基地的建设,示范并推动整个西部革命老区的资源优势真正变为经济优势,都具有十分重大的意义。

(1)加大商业银行授权授信力度

推动各商业银行总行给予能源资源富集的庆阳老区银行分支机构以更大的授信额度,加大对符合国家产业政策的煤电一体化、煤化工等项目的贷款支持力度,争取总行对能源项目直接贷款,鼓励商业银行对资金需求较大的大型能源项目以银团贷款的方式开展能源信贷,最大限度满足能源工业的资金需求。

(2)引入能源投资信托金融产品

鼓励信托公司发起设立能源投资信托金融产品,用于庆阳能源项目开发。引导信托公司把握能源行业的核心金融服务需求,以"资源开发及增值"为核心,与能源行业的交易对手合作,采用债权、股权模式的信托计划或融资租赁信托等模式,支持能源企业的规模化运营,使能源信托成为银行贷款的重要补充。鼓励引入融资租赁、委托贷款等融资方式,支持能源企业转型升级。

(3)着力拓展直接融资渠道

支持能源相关企业、金融机构等共同组建庆阳能源产业基金,引导各类资金进入能源行业,拓展能源产业融资渠道,推动庆阳能源企业整合、重组,加快能源产业资本扩张。积极帮助能源企业协调解决改制、辅导、上市过程中遇到的现实困难,优先支持基本符合上市条件、具有发展潜力的庆阳优质能源企业尽快改制上市。支持偿债能力强的大中型能源企业发行企业债券、短期融资券、中期票据等债务融资工具,优化能源产业融资结构。积极采取 BOT(建设—经营—转让)、TOT(移交—经营—移交)等多种方式,推进公私合作,吸引民间资本投入到庆阳能源资源开发中来。

(4)建立能源风险投资机制

资源勘探及能源产业新技术开发是高风险项目,技术密集、资金需求量大,因此要通过建立和完善能源产业风险投资机制,引导各方面资金投向资源的勘探及能源开发的新项目、新技术,并采取金融手段规避、转移、降低和分散资源勘探以及新技术开发中的金融风险,促进能源产业的技术创新和科学发展。

(5)加强能源与保险合作

积极引进保险资金参与庆阳能源开发,鼓励拓展能源工业设备财产及工人人身保险范围和险种,支持保险机构采用与能源企业安全生产投入和生产水平相联系的保险费率模式,进一步发挥保险在能源化工基地建设中的经济补偿、资金融通功能,促进庆阳能源经济的安全发展、能源的综合利用和产业链延伸。

(6)加强研究能源金融衍生品

与国外较为成熟的能源衍生品市场相比,我国的能源金融衍生品市场的发展依然处在起步阶段,还存在规模较小、交易品种单一、规范性较差等问题。面对经济全球化迅速发展,经营、投资日益国际化的今天,大宗商品价格的大幅波动将成为常态,在发展能源金融的同时,如何正确运用国内外衍生品市场防范风险,是个值得重视的课题。应牢记前些年我国部分央企投机海外衍生品巨亏的教训,审慎运用金融衍生品工具,严格坚持套期保值原则,有效监控风险,严防任何形式的投机交易。

2.着力推进绿色农产品金融发展

2011 年国务院总理温家宝在十一届全国人大四次会议上所作《政府工作报告》中提出,加强农产品流通体系建设,积极开展"农超对接",畅通鲜活农产品运输"绿色通道"。农产品绿色物流作为加快新农村建设和农村经济发展的新的增长点,越来越受党和国家及科研机构的高度关注。庆阳绿色农产品资源丰富,紫花苜蓿、肉牛、肉绒羊、全膜玉米、瓜菜、苹果等特色农产品深受市场欢迎。探索发展农产品供应链金融,开发面向供应链系统成员的一揽子融资解决方案,激活整个农产品产供销"链条"的运转,推动农产品现代物流平台建设,积极打造"物流"、"信息流"、"资金流"三流合一的现代农产品绿色物流金融试验区,将极大地提升庆阳优质农产品市场占有率和市场竞争力,加快推进全国绿色农产品生产加工示范基地和现代旱作农业发展示范区的建设。

(1)打造基于物联网的农产品绿色物流信息服务中心

建立基于物联网的农产品绿色物流信息服务中心,不但可以实现食品安全的有效追溯,实时了解食品从农田(养殖场)到餐桌的安全状况,还可以即时发布并共享绿色农产品的产、供、销信息,实现农产品的电子化交易,推进传统农产品交易市场向现代化交易市场的整体改造。然而,目前我国农产品物流尚处于信息化、标准化程度较低的状态,在庆阳率先打造农产品绿色物流信息服务中心,将有利于发挥老区优良的环境、地域优势,提升绿色农产品的市场地位。为此,应秉承"协同发展、重点突出、逐步推进"的原则,在重点领域和关键环节率先突破,搜集、整理和储存各种农产品绿色物流信息,建立并逐步完善基于物联网的农产品绿色物流信息系统,从而带动整个行业的发展,提高农产品流通的效率。

（2）打造现代农产品绿色物流融资服务中心

随着现代绿色物流全球化、一体化，现有农村金融机构难以满足农产品绿色物流企业的金融需求，农产品绿色物流企业存在贷款抵押难、担保难，分散风险机制不健全等问题，这些都严重制约着农产品绿色物流的发展。迫切需要建立"以政府为引导，市场为导向，物流企业为主体，银行与民间资本或境外资本为依托"的多元利益主体的现代农产品绿色物流融资服务中心。一方面，通过"中心"吸引地方政府参股，有效利用政府的优惠和倾斜措施，开辟农产品绿色物流金融"绿色通道"；另一方面，通过"中心"吸引银行、保险等机构作为股东，有效利用金融机构的资金优势和风险管理优势，化解现代农产品绿色物流企业融资障碍，防范现代农产品绿色物流金融风险；此外，还可以通过"中心"吸引民间资本或境外资本参与，拓展中心资金来源渠道。

（3）加强农产品物流融资产品创新

加快创新涉农金融机构融资授信模式，有效拓宽担保抵押物范围，创新推动订单、存货、仓单质押等贷款种类，大力推广"公司＋农户"、"公司＋基地＋农户"、"公司企业＋农民专业合作社＋农户"融资模式，改善农户分散经营、投资主体单一、抗风险能力弱的状况；支持农业行业协会、农业产业化龙头企业、农村专业合作组织等组建农业信用担保公司，鼓励担保机构设立涉农担保分支机构或部门，健全农业产业化融资担保机制；支持龙头企业设立风险基金，为农民提供贷款担保，与农户建立更为紧密、合理的利益联结机制。

（4）构建财政支持农产品绿色物流建设的支撑体系

农产品绿色物流的发展是一项巨大的系统工程，需要农业、科研、食品加工、环境保护、财政、金融等各部门相互之间的有力配合与支持。要充分发挥政府各职能部门的引导和推动作用，实行政策倾斜、税费优惠、财政补贴，特别是在农产品绿色物流发展的起步阶段，更需要政府强化其财政支农行为,积极鼓励和引导多渠道资金投入,加快农产品绿色物流基础设施(包括网络技术、鲜活农产品加工、保鲜等)建设,鲜活农产品拍卖市场建设,改善并提高农民的市场地位,同时为农产品绿色物流的技术开发提供良好的社会环境和优惠的政策环境。

3.创新发展旅游金融

旅游是实现跨越式发展的朝阳产业。庆阳红色旅游资源丰富,着力发展旅游金融,改进、创新金融产品和服务方式,实现金融与旅游资源的有机结合,将有力促进红色旅游胜地的打造,有效拉动内需、吸纳就业,推进经济发展方式转变。

(1)大力开发适合旅游业特点的信贷产品

鼓励银行机构综合运用提供流动资金贷款、项目融资贷款、固定资产贷款,出具保函、票据贴现服务,开立银行承兑汇票等多种授信形式,对符合旅游市场准入条件的庆阳旅游企业和项目给予支持,大力推行旅游业综合性授信业务。支持旅游业与第一、第二产业融合,建立旅游全产业链授信服务体系。支持开展门票收入权质押和旅游景区经营权质押业务,创新符合旅游业特点的信贷产品。对经营稳定、效益良好的旅游酒店,探索发放经营性物业抵押贷款。积极运用妇女创业小额担保贷款扶持农村妇女发展乡村旅游,鼓励以"经营公司＋景点＋农户"的方式为其提供融资支持。

(2)拓宽多元化融资渠道

通过区域集优等方式扩大中小旅游企业集合票据的发行规模,加强债券市场对庆阳旅游企业的支持力度。支持设立旅游行业股权投资基金,引导社会资本参与中小旅游企业股份制改造,提升企业竞争力。鼓励民间资本通过 BT(建设—移交)、BOT、BLT(建设—租赁—移交)等方式介入政府主导的旅游配套基础设施建设,积极引导民间资本投入旅游业。支持旅游企业进行股份制改造,整合旅游产业资源,提高在资本市场的融资能力。探索选择优质旅游资产进行证券化试点,发展多元化融资方式。

（3）提升旅游保险服务水平

鼓励保险公司结合庆阳旅游资源优势,针对红色旅游、民俗文化旅游、生态度假旅游等不同旅游方式,为游客提供各类风险需求的保障产品,着力完善旅行社责任保险和旅游意外伤害保险,支持保险公司开展面向自驾车、自由行、自助游等新兴旅游方式的保险产品研发,积极开发涉及旅游人身安全与财产安全的保险新产品,为庆阳红色旅游胜地提供全面的风险保障。推进保险机构通过电话、手机、互联网等媒介为游客提供便捷的保险服务,鼓励通过电子保单、网上投保和网上核保等多元灵活的销售模式,促进扩大旅游保险覆盖面。引导保险机构采取整合业内资源或与救援专业服务机构开展合作等多种形式,建立旅游保险救援服务体系。

（4）切实改善旅游支付环境

推动银行业金融机构积极参与旅游业银行卡受理市场建设,对旅游行业商户实施银行卡刷卡手续费延期优惠政策,进一步扩大银行卡在旅游相关行业的受理。加大景区 POS 机布放规划力度,合理增加银行卡自助设备,增设小额支付便民点,为景区游客提供取现、转账等基础金融服务。鼓励银行业金融机构积极为旅游企业提供基于网上银行的 B2B 和 B2C、电话银行、手机支付等新兴支付方式的支持,创新支付服务,推进旅游支付电子化进程,提升海内外游客在红色旅游胜地庆阳的支付服务便利程度。鼓励金融机构和旅游企业整合资源,增强银行卡的旅游服务和消费信贷功能,促进银行卡创新。

4.着力发展文化金融

积极找准切入点和结合点,促进文化创意产业项目与金融资本的融合对接,构建文化创意产业投融资服务体系,做大做强以香包、刺绣、剪纸、皮影为主的庆阳文化创意产业。

(1)完善文化创意产业的信贷机制

引导金融机构针对文化创意产业兼并重组的需要提供并购贷款,支持向具有较强产品研发、生产和出口能力的文化创意企业提供订单融资。推动商业银行、担保公司和评估机构等之间的合作,建立文化创意产业无形资产专业化评估机制,实现版权、设计创意、著作权等无形资产的有效质押,支持驻庆银行机构开办文化创意产业的无形资产质押贷款业务。鼓励商业银行为文化创意企业出口渠道和国际营销网络建设等提供多种形式的贸易金融产品。支持金融机构充分考虑文化创意企业的特点,设计内部评级指标体系和评级模型,完善信用评级制度。

(2)创新对小微文化创意企业的信贷支持

对文化艺术、艺术品交易、休闲娱乐等领域有发展潜力的小微企业,鼓励金融机构通过业主个人负连带责任等方式,加大信贷支持力度。支持金融机构对具有优质商标权、著作权、专利权等知识产权的小微企业开展权利质押贷款。支持商业银行对处于产业集群或产业链中的文化创意企业,探索通过联保联贷等方式提供融资支持。鼓励金融机构设立从事文化创意产业服务的专门部门,建立灵活的差别化定价机制和还款方式,适当提高对小微文化创意企业不良贷款的风险容忍度。加强文化创意企业信用信息的征集和更新力度,改善小微文化创意企业融资的信用环境,促进解决文化创意企业抵押担保难题。

(3)拓宽文化创意企业的融资渠道

加强文化创意企业项目的筛选和储备,支持其中符合条件的企业上市以及通过发行企业债、集合债等直接债务融资工具融资。探索组建专业性文化创意小额贷款公司,发挥小额贷款公司灵活、方便、快捷的经营特色,引入社会资本支持文化创意企业和项目。推动银行与非银行金融机构的合作,综合利用信贷、信托、债券、基金、保险等多种金融业务和产品,努力实现文化创意企业从初创期到成熟期各发展阶段融资方式的衔接。鼓励风险投资、私募股权基金等风险偏好型投资者进入处于初创阶段、市场前景广阔的新兴文化业态。加快培育一批高素质的中介机构,积极开展投融资中介、项目推广服务,推动社会资本和风险资本流向庆阳文化创意产业。

（4）进一步完善针对文化创意企业的保险服务

探索开展知识产权侵权险、文化创意产品完工险、损失险等适应文化创意企业特点和需要的新型险种,分散文化创意产业发展的风险。鼓励保险机构为文化创意企业制订一揽子保险计划,对信誉好、风险低的文化创意企业和项目,适当给予费率优惠。加快出口信用保险和海外投资保险服务创新,推动文化创意产业出口和海外投资业务的信用保险承保。建立文化创意产业保险风险数据库,按照收益覆盖风险的原则合理确定保险费率。鼓励保险机构提供融资增信和信用增级服务,探索解决文化创意企业可供抵押的担保物少、无形资产评估难等问题的有效途径。在风险可控的前提下,支持保险公司参与优质文化创意企业的债权和股权投资项目。

5.努力健全地方金融组织体系

（1）设立城市商业银行——陇东银行

积极争取国家金融管理部门支持,由庆阳市财政、国有企业、大型民营企业和其他法人单位共同出资组建股份制的陇东银行,以有效壮大庆阳金融机构体系,扩大庆阳金融业的规模,增强配置金融资源的能力。

（2）大力实施"引行入庆"战略

通过提供优惠政策和优质服务,重点引入国内股份制银行到庆阳设置分支机构,利用股份制银行服务理念先进、经营方式灵活等优势,带动市内信贷服务水平的整体提升。积极吸引省内外以服务小微企业、机制灵活著称的中小银行入驻庆阳,提供形式多样、富有特色的金融服务。支持中外资银行在庆阳发起设立村镇银行,争取外资银行在庆阳设立营业机构。

（3）支持驻庆金融机构改革发展

支持国有控股大型商业银行、保险公司、政策性银行等金融机构在庆阳的分行(分公司)深化体制机制改革,转变业务发展模式,推进业务整合与流程再造,完善内部控制和风险防范机制,培育金融服务品牌,努力实现各类金融机构在庆阳的分行(分公司)的综合排名在其系统内位居西部地区前列。争取上级行对国有控股银行驻庆分支机构在授信额度和审批权限上的倾斜,在银行内部信贷计划、资金转移、资金调剂等方面给予更大的政策空间,促进国有控股银行驻庆分支机构加大市域内信贷投放,使信贷投入总量与庆阳经济发展需求相适应,发挥促进地方经济发展的骨干和支柱作用。鼓励农发行驻庆机构围绕农业综合开发、统筹城乡发展等领域,积极提供信贷支持。

（4）积极发展非银行金融机构

积极设立与引进一批服务实体经济能力强、与产业关联度高的非银行金融机构,提供多样化、专业化的金融服务。吸引国内证券公司、保险公司、期货公司、股权投资基金等进驻庆阳,不断增加金融市场主体。支持设立金融租赁公司,开展大型技术设备租赁等业务,为产业技术升级提供金融支持。鼓励发展信托公司,为企业融资和财富管理拓宽渠道。推动有实力的金融机构组建消费金融公司,为居民个人提供以消费为目的的贷款,支持居民扩大消费需求。

（5）培育发展金融中介服务机构

支持民间资本发起设立融资性担保公司,支持各类担保机构采用并购联合、引进嫁接、借梯登高等形式,与国内外实力较强的担保机构合资合作,做大做强;鼓励融资性担保公司相互开展分保、联保和再担保等业务合作,支持担保公司创新担保产品和担保服务,开展银行承兑汇票、出口信用证押汇、小企业设备按揭贷款担保等多层次、多功能的担保服务;鼓励专业人才创办信用服务中介机构,大力发展以信用调查、信用评估、信用管理咨询、商账催收等为主要业务的信用服务业。引导信用服务中介机构适应市场需求的变化,对信用信息进行深度开发,努力提供有特色、多样化、高质量的信用产品;支持发展保险代理、经纪、公估机构,引导各类保险专业中介机构通过加强内部管理提高可持续发展能力;规范发展投资咨询服务机构,不断提高咨询服务质量;扶持发展会计师事务所、律师事务所、资产评估等中介机构,为金融交易提供配套服务。规范金融中介服务机构的执业行为,完善执业标准体系,增强行业自律,提高专业化水平,为庆阳金融业发展提供有力支撑。

(6)推动有条件的企业介入金融业

支持市内大型企业依托主业,以资本为纽带,开展参股、控股、兼并、收购,逐步向金融业渗透,走上产融结合的发展道路。

四、大力发展地方资本市场

资本市场是现代金融的重要组成部分。当前,庆阳正进入全面建设小康社会,打造国家级区域能源中心,实现甘肃省委、省政府提出跨越式发展目标的攻坚时期、关键时期和重要战略机遇期,迫切需要资本市场为推进庆阳经济社会发展提供强有力的支持。要大力推动各类直接融资工具的广泛应用,全方位发展与利用包括股票市场、债券市场、产权市场等在内的多层次资本市场体系,创新融资模式,实现融资渠道的不断多元化,促进庆阳经济转型升级和企业做大做强。

1. 加快推进企业上市融资

鼓励庆阳企业按照现代企业制度的要求,进行股份制改造。进一步完善已经设立的股份公司的法人治理结构,真正建立现代企业制度。按照多渠道、多市场推进的思路,遵循"申报一批、储备一批、培育一批"的要求,根据主板、中小企业板、创业板等多层次资本市场的不同上市条件和要求,积极筛选一批效益好、有潜力、能够带动经济发展的优势企业,作为上市后备资源,并进行重点培育。与资金实力雄厚的券商建立战略合作关系,争取在三年内让一批优质企业尽快上市,通过五年的努力,实现上市公司的数量及融资水平在西部地区同类城市中领先。

2. 争取试点发行市政债券

在规模控制的前提下,在庆阳市开展市政债券发行试点,开辟地方政府融资规范的渠道,提高地方政府融资的效率。积极探索建立相应的市场信用评估、信息披露、发行担保、信用增进和监督检查机制,尝试通过收入债券、一般责任债券等市政债券品种来筹集资金,满足庆阳市道路交通、开发区建设、旧城改造、供水供电、环境保护等公共设施建设的资金需要,改善庆阳城市环境,为经济社会的跨越发展创造条件。企业通过发行企业债券、中期票据等筹集建设资金,支持城市基础设施建设。

3. 扩大企业债券融资规模

加强与国家债券发行主管部门的沟通联系,支持庆阳企业根据自身特点、财务状况、信用等级等情况,积极创新债券产品,试点发展中小企业集合债券(票据)、中小企业私募债、可转换债务融资工具、资产支持债券等债券融资工具,形成产品种类丰富的债券市场,满足不同类型企业的融资需求。成立中小企业直接融资发展基金,试点引入区域集优债券融资模式。鼓励担保公司为拟发债的庆阳企业提供担保服务,提高发债企业的信用等级。建立债券融资后备企业资源库,根据不同债券融资工具的条件和要求,分层次对企业进行辅导,提升企业债券融资能力。

4.加快培育发展股权投资业

着力做大创投引导基金,通过增加财政投入、整合现有财政资金,做大引导基金规模,借助参股、提供融资担保和补偿机制等方式扶持股权投资基金的设立与发展,壮大股权投资资本,并采取联投、投后转让等多种方式,引导各类股权投资基金与庆阳产业结构调整相结合,提升融资的效率与效果。鼓励发展各种组织形式的股权投资管理机构,吸引境内外股东或者合伙人来庆阳投资设立股权投资管理企业。降低股权投资产业的进入门槛,允许更多民间资本进入股权投资。放宽限制,在风险可控的前提下,允许金融机构作为合格的机构投资人进入股权投资业。

5.积极开展区域性产权交易市场试点

建设规范的产权交易市场,依法合规开展企业股权、技术产权、文化产权、排污权、农村土地承包权、水权、碳排放权等产权交易。积极搭建基于产权交易市场的中小企业股权质押融资平台,提高银行、典当等金融机构以及出质方、相关中介机构等参与方的积极性,推进股权质押融资规模的扩大。推进产权市场与私募股权基金的合作,提高市场流动性,扩大市场交易规模,努力将产权交易市场打造成为庆阳多层次资本市场的重要组成部分和基础性平台。

6.建设民间资本投资服务中心

加快民间资本投资服务中心建设,以"为资本找项目、为项目找资本"为宗旨,利用现代、高效、畅通的信息网络,整合庆阳乃至西部革命老区优质项目资源和民间资本资源,创新民间金融和地方资本市场发展模式,提供资本与项目投融资咨询和策划服务,提供资本与项目的发布、展示和推介服务,促成资本与项目的洽谈和交易活动,进行企业上市辅导,开展项目和企业人员培训,实现资本、项目、人才、科技、企业、市场之间相互对接,努力将服务中心发展成为"集聚民资,服务民企"的全国性民间资本投资服务平台。

7.积极创新城市建设投融资模式

优化投融资环境,探索多元化的融资渠道,逐步建立以政府为主导,民间、外商多元化投资和经营主体共同参与的城市建设投融资机制。支持民间资本和外商作为投资主体直接投资庆阳基础设施项目,依法保护各类投资者的合法权益,为其创造优良的经营环境和服务环境。鼓励通过基础设施融资租赁、股权转让、产权权益证券化来盘活存量基础设施,增大资金运筹总量。鼓励公用事业企业上市融资,积极争取国债等政策性资金的投入。创新城市建设融资方式,积极探索采用 BT、BOT、TOT、PPP(公共私营合作制)等项目融资模式,形成投资主体多元、融资方式多样的格局,努力破解庆阳城市建设中的资金难题。

第五节 扶持政策和保障措施

一、扶持政策

为引导更多金融资源投向老区,激发金融机构和相关市场主体参与金融改革创新的积极性,有效推进庆阳革命老区金融改革创新试验,应当注重财税政策、监管政策、货币信贷政策等的扶持和引导。

1.财税政策支持

请求对在庆阳的各银行、保险公司等缴纳的中央级财政收入(企业所得税 60％部分及金融业从业人员个人所得税 60％部分等）按一定方式专项转移支付给庆阳，对在庆阳的省级金融业收入（营业税、企业所得税 40％部分）按一定方式全额转移支付给庆阳，专项用于扶持老区金融改革创新的奖补激励。申请县级及县级以下的农村金融机构所得税划为地方税，以增强老区地方政府扶持农村金融机构的自主权。建议降低小额贷款公司的营业税，对小额贷款公司、村镇银行、资金互助社等农村金融机构减半征收所得税。加大老区金融企业涉农贷款和小企业贷款损失准备金的税前扣除政策的力度，允许计提贷款损失专项准备金的比例在规定基础上提升 20％。发生符合条件的涉农贷款和小企业贷款损失，先冲减已在税前扣除的贷款损失准备金，不足冲减部分可据实在计算应纳税所得额时扣除。对属于贷款风险补偿范围的贷款的风险补偿，希望省财政确定省级转移支付的比例或实行和市县配套的比例。

2.监管政策支持

根据革命老区的实际发展情况，实施差别化的监管政策，营造先行先试和鼓励创新的监管政策环境。建议金融监管审批部门在机构升格、新设等事项上加大支持力度，对在庆阳开设分支机构的金融机构提供市场准入绿色通道，对风险可控的新业务实行备案制。允许入股资金来源真实合法的民营企业投资庆阳各类金融机构，对民间资本参与问题金融机构风险处置的，放宽持股比例限制。恳请证券监管部门优先审核西部革命老区地区企业的 IPO 申请，提供监管服务，支持庆阳企业利用资本市场发展壮大。优先支持庆阳小微企业和涉农企业以集合票据等方式在银行间债券市场开展直接融资，进一步拓展庆阳企业融资能力。适当提高小企业不良贷款比率容忍度，在网点设置和产品创新方面给予鼓励支持，激励银行业金融机构加强对庆阳小微企业的金融服务。村镇银行和农村资金互助社等新型农村金融机构的试点指标进一步向庆阳倾斜。支持在现已开业的村镇银行周边集镇设立村镇银行分支机构,完善对村镇银行贷款规模的管控方式,并为其提供征信系统接入、大小额支付清算等配套服务。支持开展农村资金互助社与多个农民专业合作社的合作,适度扩大资金互助的调剂范围与规模。

3.货币信贷政策支持

争取央行通过运用再贷款、再贴现、存款准备金率等货币政策工具,加大对庆阳金融机构的流动性支持,增强其融资服务能力。增加央行支农再贷款额度,每年由央行单列计划下达指标。对庆阳中小金融机构和优质中小企业的票据,优先给予再贴现。强化窗口指导,引导各银行业金融机构加快制定符合庆阳实际的信贷管理办法和信贷考核体系,为将在庆阳吸收的存款主要用于服务庆阳经济发展夯实政策制度基础,促进辖内信贷规模合理增长。争取对庆阳地方法人金融机构下放利率定价权限,扩大人民币定期存款利率的上限浮动幅度,各类贷款利率实行自由浮动,实现更大的弹性和灵活性。在符合国家和甘肃省产业政策的前提下,将庆阳所涉行业均纳入信贷政策支持对象,新增贷款总量不受信贷指导计划限制。

二、保障措施

1.加强组织领导

成立由甘肃省委省政府主要领导任组长、庆阳市及省有关部门负责同志参加的"庆阳市金融改革创新试验区领导小组",负责统一规划、协调庆阳金融改革创新试验工作。同时,庆阳市委市政府成立"庆阳市金融改革创新试验区实施领导小组",在"庆阳市金融改革创新试验区领导小组"的领导下,具体推进庆阳金融改革创新试验的实施工作。实施领导小组下设办公室,给予人员编制和经费保障。设立金融改革创新专家咨询委员会,成员由高校、研究机构和金融部门的专家学者组成,利用外部智力资源,为庆阳金融业的改革发展提供决策咨询。

2.提供资金保障

庆阳市、县两级财政设立"金融发展专项资金",并建立专项资金稳定增长机制,为推进庆阳的金融发展与创新提供必要的资金保障。金融发展专项资金主要用于:参与地方金融机构的增资扩股,补助企业境内外上市及发债融资,设立创投引导基金,对小微企业和涉农贷款的风险补偿,对各类金融机构进驻的开办费补贴,对金融创新、增加信贷投放等的奖励,以及金融业创新发展调研课题的经费补助等。通过发挥政府性专项资金的政策效应,营造良好的金融运行环境。

3.建立考核奖励机制

制定并明确年度工作任务,明确工作分工,将金融改革创新试验区工作纳入对各政府相关部门的考核体系,加强相关部门之间的协同配合,定期对各部门实施进展情况进行考核评估,确保金融改革创新试验的重点领域和主要任务有计划、按步骤地得到落实。充实细化《市长金融奖考评办法》,完善地方金融业考核奖励制度,对金融机构支持庆阳地方经济发展业绩考核突出的,给予物质奖励和通报表彰。建立财政性存款与信贷投放挂钩、行政资源向贡献大、发展快的金融机构倾斜的机制,强化正向激励。建立金融创新评奖机制,对于庆阳金融机构在国内、省内首倡的金融产品和服务以及培育和创设新型金融机构的,给予奖励,以有效激发金融机构的创新热情;加大金融招商引资力度,对在招商引资中作出突出贡献的单位和个人,通过各种形式给予奖励,促进金融机构和金融要素在庆阳的集聚。

4.落实风险防范措施

在积极开展金融改革创新的同时,严格防控金融风险。建立全市金融运行综合信息库和监测平台,完善地方政府与驻庆金融调控监管部门之间的沟通协调机制,健全区域金融风险预警监测机制,加强对庆阳辖内金融机构的资产与财务状况的动态监测,及时掌握金融机构的营运情况,发现和识别各类潜在风险。进一步健全由市政府分管领导牵头,金融管理局、财政、人民银行、银监机构、公、检、法等部门组成的金融风险应急处置协调机构,明确并落实各有关部门在风险应急处置中的职责,制订明晰、具有可操作性的金融突发事件应急预案。对非法集资、非法证券、非法保单、金融传销等非法金融活动保持高压态势,规范金融行为。对严重危害金融秩序、严重影响存款人或投资者合法权益的金融组织,依法及时采取相应的市场退出措施。

5. 强化金融人才支撑

制定引进金融人才的优惠政策措施,创新人才引进模式,健全服务机制,着力引进一批具有投融资、精算、法律、资本运作等跨专业知识和实践经验的高端专业人才。为进入庆阳工作的高层次金融人才的配偶、子女的就业、教育等开设"绿色通道",对来庆阳从业的金融高端人才采取个人现金奖励以及住房购置、个人所得税等方面的优惠政策,吸引各类金融高端人才服务于庆阳金融业。加强与高等院校和专业培训机构的合作,建立机制化的在职人才培训模式,大力开展系统性的金融管理和专业人才培训,不断提高庆阳金融从业人员的思想政治素质、业务素质和职业道德素质。鼓励高等院校在庆阳建立金融专业的实习与教研基地,促进高校和庆阳金融机构之间的信息交流,为庆阳金融业改革创新输送实用型、前瞻性的人才。

6. 加强合作互动

争取国家的政策引导与支持,加强东部发达地区对西部革命老区在金融领域的对口帮扶,加大东西部金融合作力度。出台优惠政策,放宽东部金融机构进入西部革命老区的市场准入条件,鼓励东部金融机构的资金、人才、技术、产品和服务流入庆阳,促进庆阳金融业加快发展。积极开展干部交流,向中央和省级组织部门申请,选派中央金融管理部门、东部地区相关政府领导干部和金融机构业务骨干到庆阳担任实职或柔性挂职,指导庆阳金融改革创新工作并联系与东部发达地区合作事宜。组织庆阳金融机构的从业人员到东部地区金融机构考察学习,通过学习和交流更新思想观念,提高庆阳金融机构经营管理水平。积极与东部地区的优质银行、券商、私募股权机构等建立紧密的合作关系,引导和推动这些机构在庆阳地方金融组织重组改造、企业上市融资、设立产业投资基金等方面发挥积极作用。

7.建立领导干部金融知识培训长效机制

注重强化全市党员干部的金融意识,进一步树立"金融兴市、资本富民"的理念。市、县组织和人事部门将现代金融知识培训纳入市、县两级领导干部统一培训计划,安排培训专项经费,建立领导干部金融知识培训长效机制,分期分批对市、县领导干部进行金融培训,提高各级领导干部对金融方针政策的理解能力,自觉地按照市场规律和金融规律办事。结合庆阳市金融改革创新的实际进程,不定期地组织专题性金融讲座和专题培训,不断提升领导干部对金融业发展的服务能力,增强工作的主动性。

8.加强宣传引导

通过各类新闻媒体开设金融专栏专刊、定期邀请金融从业人员及学者举办讲座等形式,普及现代金融基础知识,积极宣传加快金融业改革创新对加快老区经济发展和经济发展方式转变的重要作用,不断深化全社会尤其是政府部门对做好金融工作重要性的认识,提高全社会金融意识,营造有利于金融发展的社会氛围。加强对庆阳金融业改革创新中先进典型、先进经验的宣传报道,大力展示金融业发展成果,动员全社会力量参与,促进金融改革创新经验在全市范围内推广,增强金融业发展动力。

第六章　台州市路桥区金融创新发展研究^①

　　未来一段时期是路桥区加快结构战略性调整、推进经济发展方式转变的重要时期。金融作为现代经济的核心，是推动科学发展、转变经济发展方式的重要支撑和引导力量。为促进各类资源要素融合、挖掘经济增长潜能，扎实高效推进路桥区金融创新发展工作，明确路桥区在金融创新发展中的战略定位、主要任务和工作重点，加快路桥金融产业发展，特开展此项研究。

第一节　创新发展的背景与基础

一、背景

　　改革开放三十余年来，依托市场化、民营化的先行先试，路桥区域金融发展取得了显著成绩，并具有良好的进一步创新发展的基础

　　① 本章系浙江大学经济学院、浙江大学金融研究院 2012 年 3 月启动、2012 年 12 月完成的《台州市路桥区金融创新发展研究》成果之一。课题总负责人：史晋川教授。课题调研中得到了台州市人民政府金融工作办公室、路桥区人民政府金融工作办公室等单位的大力支持，在课题设计、课题报告写作过程中浙江大学经济学院汪炜教授提出了许多建设性意见，在此表示感谢！本章执笔：何嗣江、章华、严谷军。

和潜力。但随着国内外环境变化,区域竞争日益激烈,路桥区的金融改革先发优势正逐渐弱化,长期积累的结构性矛盾日益凸显,金融业面临着行业发展不平衡、区域发展不协调、创新能力不足、大量民间资本游离在实体经济之外、经济社会转型发展中的金融需求无法得到较好满足等众多问题。

为增强路桥的金融动员能力、巩固金融强区地位,必须在"做精做大小微金融、做强做大产业金融、做实做优民间资金运营载体平台"等相关领域敢于先试先行,实现创新突破,以夯实金融产业基础,促进资源优势转化为经济强势,重塑路桥金融发展支持经济发展的体制和机制优势。

为了贯彻落实国家"民营经济改革创新试验区"建设要求,主动对接《浙江省"十二五"金融发展规划》和《台州市"十二五"金融发展规划》的总体规划目标,把路桥区建设成为在全国有重要影响的"小微企业金融服务创新示范区"、"产业金融创新发展试验区"和"民间金融规范管理和运营先行区",做深做亮小微金融特色,做实做强特色金融强区,进而将路桥打造成为"中国小微金融之都",本课题从路桥经济社会发展中的金融需求出发,以小微金融、产业金融和民间资本规范发展三个领域为重点,对路桥金融发展中面临的问题进行了系统深入的分析,研究金融创新发展和政策创新的新思路,为路桥金融的创新发展提供了具体的政策建议。

二、基础条件

路桥区按照科学发展观要求,谋划思路、完善平台、密切合作,金融工作稳步推进,金融运行情况良好。逐步建立了有一定创新能力的金融机构体系,金融体系运行稳健,金融对经济社会发展的支持与贡献不断提升。

1. 金融体系日益完善

路桥区现有 15 家银行业金融机构(包括政策性银行、国有银行、股份制银行、城商行、农村合作银行、邮蓄银行),25 家保险机构(包括 17 家财险和 8 家寿险),3 家证券机构,2 家小额贷款公司,7 家融资性担保公司,4 家典当行。已形成了银行、证券、保险、典当、担保、小额贷款公司等多种金融机构协同发展的多元化格局。

2. 金融实力持续增强

政府通过搭建平台、密切交流、合作共赢等有效途径,促使金融机构与区内企业保持良好的互动合作关系。同时,金融对经济社会发展的支持力度不断加强。2011 年年末全区人民币存、贷款余额分别是 588.61 亿元、576.38 亿元,分别比 2010 年年末增长 9.1%、16.6%,全年新增存、贷款分别为 48.43 亿元、81.85 亿元。年末存贷比为 97.9%,比年初提高了 6.4 个百分点;2011 年金融业对全区生产总值的贡献率达 12%左右,其中在第三产业中占 25%左右。2011年全区各类金融机构缴纳税收达 11.9 亿元,对路桥区财税总收入的贡献率达 22.2%,其中台州银行、浙江泰隆商业银行、路桥农村合作银行三家法人银行在路桥区入库税收达 11.1 亿元。

3. 民间资本充裕稳健

路桥区位于浙江沿海中部,是台州市主城区之一,自古商贸发达,素以"百路千桥万家市"著称,历史形成重商文化氛围,居民具有较高的投资理财意识。2011 年路桥区人均 GDP 超 1 万美元,民间资本充裕;受良好社会氛围熏陶、公民文化素养较高等影响,与全国其他民资发达地区相比,本地民间资本更多地体现为稳健性、长期性、价值性投资,更愿意投向收益稳定、风险度低、发展前景优的实体经济。近年路桥未发生因民间资本无序运作而引发的金融风险或较大金融案件,民间资本发展健康有序。

4.小微金融地位领先

以小微金融为主要特色的台州银行、浙江泰隆商业银行、路桥农村合作银行三家民营金融机构在全国享有较高的声誉,金融理念、金融产品、金融服务等方面的创新不断推进,奠定了国内小微金融领先地位。台州银行、泰隆银行和路桥农村合作银行始终坚持"中小企业的伙伴银行"、"小企业的成长伙伴"、"立足农村,服务三农"的市场定位,专注以小企业、微型企业、个体户、家庭作坊及农户为主要服务对象的小微金融服务,管理创新不断,树立了"简单、方便、快捷"的优质金融服务品牌。两家城商行均成功融入了世界先进微贷理念和技术,并形成了强大的自我复制能力。台州银行 2005 年年底在国内首次引入国际微贷 IPC 技术并成功本土化,推出"小本贷款",以商业化模式为在过去无法从银行获得贷款的许多小微企业创造平等地获得银行贷款的机会,形成了"中国小本模式";泰隆银行成功探索推行"三品三表"的信贷评价技术,在小微金融服务中较好地处理并成功运用了小微企业客户的"社会化软信息",引起了业内高度重视,被温家宝总理称赞为中国的"尤努斯";路桥农村合作银行面对前述两家城商行的快速发展,错位竞争,立足"三农",做精丰收小额贷款卡业务,畅通信贷支农绿色通道,破解农民贷款难和担保难的问题。目前,路桥地方法人银行进入了稳健发展期,正在构建立足台州、面向全省、辐射长三角并具有较大影响力的民营金融服务体系,成为浙银品牌中不可或缺的一部分。

5.金融生态日益优化

"商贸立区"的发展战略推进了金融业的快速发展,区域经济和区域金融二者良性互动发展,形成了良好的金融生态环境,在生态环境系统的可调控性、完整性、协调性、稳定性、开放度等方面实现了较为明显的改善,促成了国有控股商业银行、股份制商业银行与地方性民营银行"和谐共处、共赢发展"的良性竞争格局。近年来路桥区政府相继出台了《关于加快金融业发展的实施意见(试行)》(路政发〔2011〕2号)、《关于扶持企业上市的若干意见》(路政发〔2012〕22号),同时设立了企业上市专项扶持资金等奖励措施;初步架构了"一街一区"为核心的金融空间布局;2008年成立了路桥区信用路桥建设领导小组,建立了"路桥信用信息网",企业信用工程建设初见成效;2010年在全市率先设立了台州市路桥区人民政府金融工作办公室。

三、发展机遇与挑战

未来若干年,随着工业化、信息化、城镇化、市场化、国际化深入发展,我国经济发展态势将继续长期向好。与此同时,国际金融危机后发达国家经济增长模式面临深度调整,国内改革开放三十多年来积累的各种结构性深层次矛盾将逐渐显现,路桥区经济社会也将处于改革攻坚和转型升级的关键时期。综观国内外发展环境、国内外经济社会环境变化,路桥区金融创新发展既面临着历史机遇,又面临着诸多挑战,总体来说,机遇大于挑战。

1. 从国际方面看

金融危机导致全球经济金融格局深度调整,产业转型升级中专业分工的深化和专业服务的外置化,致使制造业竞争力愈来愈依赖于设计策划、技术研发、现代物流等现代服务业的支撑。世界经济尤其是经济较为发达的地区将从以制造业为主导的工业经济时代转入以金融业为主导的服务经济时代,新兴和发展中国家更加紧密地融入国际分工,为路桥区承接国际金融产业转移、参与国际金融合作带来重大战略性机遇。同时,国际金融危机使世界经济发展进入一个增速减缓和结构转型双重特征并存的时期,围绕金融市场、金融资源、金融人才的竞争更趋激烈,对提升路桥区金融服务质量和水平提出了新挑战。

2.从国内方面看

"十二五"期间,国家将着力加快经济发展方式转变,促进经济增长由主要依靠投资、出口拉动向依靠消费、投资、出口协调拉动转变,由主要依靠第二产业带动向依靠第一、第二、第三产业协同带动转变。金融业发展将作为实现科学发展、和谐发展、可持续发展的重要支撑,其在经济中的核心作用将日益提升,发展环境将更加宽松,禁锢金融业发展的各种体制障碍将逐步消除,金融业发展领域将进一步拓宽,可为路桥区金融业发展提供广阔的市场空间。然而,在工业化、信息化、城镇化、市场化、国际化深入发展,长三角区域经济一体化加速推进的过程中,路桥区金融业发展也面临着如何强化既有优势,借势发展、错位竞争、差异化发展的现实挑战。

3.从区域方面看

上海国际金融中心全面启动,必将带动长三角地区经济金融与国际更大规模、更深层次的接轨。浙江省将继续推进"金融强省"建设,不断强化浙江金融特色和优势,着力打造全国性的中小企业金融服务中心和民间财富管理中心,实现金融与经济、社会的协调发展。路桥区位于浙江沿海中部,是台州市主城区之一,民营经济发达、民间资金丰裕、民营金融特色鲜明,独特的区位、资金、制度优势为路桥区主动融入和对接浙江省"双中心"建设提供了得天独厚的条件。然而,在融入和对接"双中心"以及打造金融强区的过程中,路桥区金融业的发展也面临着区域竞争日益激烈,金融改革先发优势正逐渐弱化,持续创新能力与特色亟须增强,金融市场地位有待巩固的严峻挑战。

4.从自身实际看

一方面,路桥区正处于从传统产业向新兴产业转变,从粗放经济向低碳经济转变,从块状经济向集群经济转变的重要阶段,产业转型催生新的金融需求,以及循环节约型、科技主导型、新兴战略型经济的发展和"现代商贸城、现代汽车城、现代再生资源产业"现代产业体系的构建;另一方面,路桥区也正处于全面促进城乡统筹发展,着力构建"一主一次一组团"的新型城市化格局和"机械化、标准化、产业化、组织化和生态化"的现代精品农业。由此必将催生大量的诸如创业资本、风险投资、融资担保、财务管理、居民消费与财富管理等新型金融需求,为新形势下路桥区构建新型产业金融、促进金融产业创新发展带来强劲的动力。然而,面对新型的产业金融需求,路桥区金融创新发展也面临着如何做大金融产业规模、做强金融产业地位、做优金融产业结构、夯实新型金融产业基础的巨大挑战。

第二节　发展战略与目标

一、发展战略

《浙江省"十二五"金融业发展规划》提出,要不断强化浙江金融特色和优势,着力打造全国性的"中小企业金融服务中心"和"民间财富管理中心",继续推进"金融强省"建设,实现金融与经济、社会的协调发展。路桥区作为浙江中部沿海经济发达的台州市主城区之一,制造业基础雄厚、小微金融服务发达、民间资金丰裕,独特的区位和产业条件、小微金融发展基础、民间资金和体制优势为路桥区主动对接浙江省"双中心"建设提供了得天独厚的条件。因此,我们认为,当前路桥区委区政府应把路桥区金融创新发展工作提高到前所未有的高度,动员多方资源,集省、市、区合力,推进路桥金融产业二次腾飞。

基于台州市路桥区地域特点、基础条件和省、市"十二五"金融发展规划以及省金融创新示范市试点规划的目标,路桥区金融创新发展的战略定位应确立为:紧紧围绕"两个中心"建设主线,做精做大小微金融产品与服务,巩固小微金融地位、引领全国小微金融创新发展;做大做强产业金融,支撑路桥产业转型升级,夯实金融产业发展基础,形成新型金融产业优势;做实做优民间资金运营载体平台,规范发展民间金融,化解经济金融发展中"两多两难"问题(民间资金多、投资难,小微企业多、融资难),引导民间资金回归服务实体经济,增强城市发展活力和金融集聚辐射能力。通过若干年努力,把路桥打造成为"中国小微金融之都"。

——做精做大小微金融,推进社会和谐发展。把做精做大小微金融作为社会和谐发展的中心工作,以"城乡统筹"为基础,继续强化路桥小法人金融机构与小微企业金融服务"两小"金融特色优势,积极支持以台州银行、浙江泰隆商业银行两家城市商业银行为代表的路桥本土总部金融机构稳步发展,引导城市商业银行在做专做精小微金融的基础上做强做大小微企业金融服务产业,着力提高路桥银行业的影响力和知名度,营造路桥银行业服务特色品牌,打造小微企业金融服务的专营银行,引领全国小微金融创新发展,让长期被正规金融机构边缘化的有真实需求的个人和微小企业能够以合理的价格,方便、及时、有尊严地获取高质量的金融服务,共享改革开放成果,推动社会和谐发展。

——做强做大产业金融,推进产业结构转型升级。把做强做大产业金融作为路桥产业结构转型升级的主要推进器,通过创新发展产业金融,满足路桥传统产业结构转型升级和以低碳经济为重心的循环经济、战略性新兴产业以及现代服务业发展中日益增长的金融需求,夯实金融产业发展基础,提升金融产业服务经济的能力,实现经济的优化发展。

——做实做优民间资金运营载体平台,强化城市经济活力。把做实民间资金运营载体平台作为建设路桥地方资本市场的核心工作。路桥间接金融较为发达、完善,而具有推动产业结构调整升级天然优势的直接金融严重滞后,在做精间接金融的同时,应积极推动地方资本市场创新发展。通过做实做优民间资金运营载体平台,汇聚人才、技术和信息等高端资源,促进创投、风投等新型金融机构向路桥集聚,进而带动地方资本市场业务创新,推动直接金融与间接金融协调发展,增强城市发展活力和金融集聚辐射能力,为城市又好又快地转型发展提供新的动力。

二、发展目标

打造"中国小微金融之都"的提出,既是路桥小微金融发展厚积薄发的产物,更是路桥特色金融强区建设的具体目标,同时它也能够在宣传路桥形象和提升路桥地方金融机构声誉方面产生重要影响。因此,"中国小微金融之都"的称号应该成为路桥经济的新品牌、金名片。"中国小微金融之都"的具体内涵为"三高一低二领先",包括:县区级最高的小微金融GDP(金融业增加值/地区生产总值),最高的小微金融地方财税贡献率,最高的小微企业金融服务覆盖率(广度)和满足度(深度),较低的不良率(风度),本土小微金融机构数量领先,地方小微金融服务体系领先。

未来一段时间,路桥区委区政府应牢牢把握金融服务实体经济的本质要求,把加快金融业创新发展摆在优先发展的战略位置,紧紧围绕创建"中国小微金融之都"的总目标,丰富金融发展载体,强化小微企业金融服务功能,推进多元化融资,创新发展产业金融,规范民间金融管理和运营,把路桥区建设成为在全国有重要影响的"小微企业金融服务创新示范区"、"产业金融创新发展试验区"和"民间金融规范管理和运营先行区",做实做响"中国小微金融之都"。

——以三家法人银行为主体,引导地方法人银行做专做精以小企业、微型企业、个体户、家庭作坊及农户为主要服务对象的小额金融服务技术,形成全国领先的微型金融产品研发能力和微型金融人才培训能力,构建立足台州、面向全省、辐射长三角的具有较大影响力的民营金融服务体系。

——以现代汽车城为发展平台,从汽车生命周期角度入手,研究汽车产业与资本市场互动的路径,完善汽车金融价值链。打造以专业汽车金融公司为核心,由汽车产业利益相关者全面参与,以专业化经营为基础,以合理分工为保障,以合作共赢为目标的全生命周期汽车金融服务体系。

——以现代商贸城为基础,通过金融资本介入做大商品交易,带动仓储、商品集散等物流产业的发展,创新发展"商贸＋金融＋物流"模式,助推路桥金融服务业、现代物流业、市场服务业、商务服务业等行业融合发展。

——以建设路桥金属再生产业园区、打造全国最大的"城市矿产"为契机,创新发展供应链金融、贸易金融、绿色金融,积极将民间资金引入园区项目建设,打造全国循环经济产业金融创新发展示范区。

——充分借助拥有三家地方法人银行这一全国县区独一无二的金融资源,创造性地探索民间资本与小微金融服务的对接模式,力争在小微金融与民间资本互动平台建设等方面取得创新突破,促进间接金融、直接金融的融合发展,化解经济金融发展中"两多两难"的问题。

三、发展思路

路桥区委区政府应把金融创新发展工作提高到前所未有的高度,动员多方资源,集省、市、区之合力,紧紧围绕"中国小微金融之都"一个主题明确定位,通过改革、创新、发展,重点实现两大突破,整体提升三种能力,着力推进四大创新,做深做亮小微金融特色,做实做强特色金融强区,着力推动路桥经济社会转型发展并引领全国小微金融创新发展。

——围绕一个主题明确定位。路桥区作为浙江中部沿海经济发达的台州市主城区之一,制造业基础雄厚、小微金融服务发达、民间资金丰裕,独特的区位和产业条件、小微金融发展基础、民间资金和体制优势为路桥区推进金融业创新发展提供了得天独厚的条件,未来若干年内路桥区金融业的改革创新发展将围绕建设"中国小微金融之都"这一主题展开,依托制造业基础雄厚、小微金融发达等优势,借势发展、错位竞争,突出强化金融服务功能,整体提升金融产业发展水平。

——重点实现两大突破。一是凸现金融催化剂和倍增剂功能,实现产业金融发展的突破。紧紧抓住汽摩制造、金属资源再生、商贸物流等特色、主导产业进一步提升发展的机遇,通过现代金融市场的发展,实现资源资本化、资产资本化、知识产权资本化、未来价值资本化,助推路桥产业转型升级。二是资本市场发展的突破。以企业首次公开发行上市、再融资和发行企业债券为工作方向,坚持上市与创新地方融资模式齐头并进,包括中小企业集合债券、短期融资融券等创新融资模式在路桥的运用。努力推进路桥间接金融、直接金融协调融合发展,力争资本市场的突破性发展。

——整体提升三大能力。通过小微金融创新发展,整体提升小微金融引富助微和共同致富的能力,助推社会和谐发展;通过汽摩制造、金属资源再生、商贸物流等特色主导产业金融创新发展,挖掘经济发展动力,整体提升金融产业助推产业转型升级的动力,促进经济优化发展;通过资本市场创新发展,汇聚人才、技术和信息等高端资源,整体提升路桥区金融集聚辐射的能力,为城市又好又快地转型发展提供新的动力。

——着力推进四大创新。围绕"理念"、"机制"、"产品"、"环境"四个维度推进创新。一是重视金融发展的战略地位,推进金融发展理念创新;二是加强金融产业发展的组织领导,推进金融发展工作体制机制创新;三是健全完善金融产业体系,着力推进金融市场与金融产品的创新;四是大力推进信用体系建设,强化金融环境创新,营造金融发展的良好外部条件。

第三节　做深做亮小微金融

做深做亮小微金融、打造"小微企业金融服务创新示范区",既是巩固路桥三家地方法人银行特色优势、提升"浙银品牌"的需要,更是提高小微企业金融服务水平和质量的内在要求。长期以来,路桥区的台州银行、浙江泰隆商业银行和路桥农村合作银行始终坚持"中小企业的伙伴银行"、"小企业成长伙伴"、"立足农村,服务三农"的市场定位,专注以小企业、微型企业、个体户、家庭作坊及农户为主要服务对象的小额金融服务,树立了"简单、方便、快捷"的优质金融服务品牌,在服务小微客户、"三农"等方面取得了巨大的成绩并积累了丰富的经验。小企业、微型企业、个体工商户等小微客户是全国经济的主体和原动力,而小微客户尤其是微型企业融不到资、融不起资、融不好资的现象仍然十分突出;另一方面,"十二五"期间,城镇化建设、土地流转、农业产业化发展等将成为新农村建设的中心任务,农业与工业、服务业间融合度加大,农产品加工、流通业发展趋势良好,贸工农一体化和城乡产业联动发展趋势明显,传统意义上的农民数量将进一步减少,更多农户转向务工、经商、投资办厂,农户经营性资金需求逐步加大,由此必将产生更强大的民生性金融需求。做精小微金融、打造"小微企业金融服务创新示范区",允许路桥先行先试,能有效发挥路桥区的资源和制度优势,全面提升小微金融引富助贫、服务弱小的功能,引领全国小微金融创新发展,促进经济社会转型发展。

一、创新小微企业金融服务组织体系

进一步推进组织创新和机构建设,为小微企业提供更加充分、更为多元化的金融服务,着力构建面向处于创业阶段的个体工商户、家庭作坊业主、微小企业主及其他从事小规模投资与营生的自然人金融需求的多层次金融服务组织体系,满足广大微小经营者"小、短、频、急"的金融需求。

1. 加快推进农村合作银行股份制改制步伐

支持农村合作银行积极引进品牌金融机构和优质民营企业作为战略投资者,优化其股权和治理结构;帮助农村合作银行积极与省、市主管部门沟通,争取尽快列入农村商业银行改制试点序列,加快其机构改革的步伐;积极推动农村合作银行改制的其他重要工作,帮助化解改革过程的难点,促进业务可持续发展,力争两年内实现其改制为路桥农村商业银行的目标。

2. 加快发展类金融机构

依托路桥区丰富的民间资金优势和良好的金融发展环境,积极争取国家和省级政策支持,引进或筹建私募基金、贷款公司、消费金融公司、货币经纪公司、汽车金融公司、证券融资公司、融资租赁公司、中小企业发展信托基金和住房信托基金等,充分利用不同金融组织的信息优势和成本优势,吸引更多的民间资本进入投融资领域,满足路桥众多小微企业的多种融资需求。

3. 创新发展新型农村金融组织

加快发展以服务小微企业、"三农"为主的农村资金互助社、村镇银行、小额贷款公司等新型农村金融组织。支持经营规模大、服务能力强、运营管理好、信用记录优良的不同行业的农民专业合作社组建跨行业跨地区的农村资金互助社;积极探索由优质民营企业作为主发起人组建村镇银行试点;支持现运营规范的小额贷款公司到中心镇设立分支机构。

4. 加快推进小额贷款公司创新发展

积极探索在账户托管的情况下,开展股东资金委托小额贷款公司操作的委托贷款业务。积极推进和培育小额贷款公司尝试通过国内外创业板市场融资,探索小额贷款公司通过申报发行企业债和中期票据等方式从社会融资,积极争取市内的小额贷款公司组成联合体,发行集合债券,增加直接融资规模。对于效益好、经营规范的小额贷款公司,应逐步提高银行融资比例,努力探索商业银行、小额贷款公司批零模式。积极搭建小额贷款公司和商业银行的合作平台,支持资产转让、组合贷款、票据业务等业务试点;允许小额贷款公司以股东抵押股权的方式向银行融资等;积极争取农发行、国开行等大型金融机构向小额贷款公司发放委托贷款、批发资金等。鼓励符合条件的小额贷款公司通过增资扩股提升服务能力,提高融资比例,扩大融资途径,试点将私募股权基金、债券发行、保险公司协议存款等纳入小额贷款公司的融资范围;试行小额贷款公司的资产及资产池转让。

5. 完善中心镇金融服务网络

引导一批以中小、小微企业业务为主的商业银行到中心镇开设分支机构或网点;引导农村合作银行和邮政储蓄银行加大对中心镇建设的信贷投入力度,并进一步延伸服务网点;争取实现地方法人银行镇街道全覆盖;鼓励新设立的小额贷款公司落户,并推动已设的小额贷款公司增设服务网点;鼓励投资机构、担保机构、典当等类金融机构开设分支机构或服务网点。

6.深化实施"便农支付工程"

深化推广"银村通"惠农金融产品,鼓励并积极支持商业银行、农村合作银行到农村社区设立流动性惠农金融服务点,安装 ATM 机自助服务、POS 机转账和刷卡消费、EPOS 机支付结算等现代金融服务工具,将支付系统覆盖到中心镇的银行网点,推广应用银行卡、票据、电子支付等非现金支付工具,延伸金融机构和组织服务触角,改善农村支付服务环境,让广大农民真正享受到高效快捷的金融服务,从而获得实惠。

二、着力推进小微企业信用平台建设

按照"政府推动、统一规划、市场运作、分步实施"的工作原则,深化"路桥信用信息网"建设,着力构建与完善突现软信息,建立以小微企业和个人为重点的信用评级、征信体系,努力改善县域投融资环境。

1.深入推进村级信用体系建设

为适应农村城镇化、农业产业化、现代化建设和农民生产生活的需要,各中心镇政府要制定鼓励金融管理部门和金融机构支持新农村建设和发展的政策措施,组织金融机构下乡,宣传和普及金融知识,不定期地组织开展金融投资机构与企业对接活动;着力深化"信用户、信用村、信用镇、小额农贷推介会"和"走千家、访万户、共成长"建设,不断加快推进农村金融产品和服务方式创新,全面改进和提升农村金融服务,缓解农村和农民贷款难的问题,努力提升城乡公共金融服务均等化水平。

2.大力推动信用评级市场发展

制定实施《路桥区社会信用体系建设总体方案》,加强金融市场参与者的诚信教育和个人征信知识的宣传,继续深化"信用企业、信用农户、信用村镇、信用社区"创建力度,着力引进征信中介机构(如:深圳鹏元征信有限公司、杭州联合资信评估咨询有限公司、浙江众诚资信评估有限公司等),培育种类齐全、功能互补、规范经营、具有市场公信力的征信机构,支持有资质的信用评级机构开展信用评级、评分、信息登记和管理咨询等业务,建立以人民银行的企业和个人信用信息为基础,突出个人、微小企业软信息(纳税、水表、电表、网络通信等信息),跨机构、跨行业的县域微小企业、个人信用信息共享的数据库,逐步推广和完善信用评级工作,提高信用服务水平。初期可在"信用户、信用村、信用镇"工作的基础上,加快农户信用档案电子化建设进程,推广农户信用评价信息系统,深化农村信用体系建设。

3.探索创办路桥金融网

搭建金融机构、征信机构与企业的交流金融信息平台,加深银行、证券、保险、农村资金互助社、小额贷款公司、担保公司、典当公司等非银行业金融机构或组织之间的信息共享,形成覆盖政府、企业和个人的社会联合信用体制,有效缓解服务"三农"和小微企业高成本这一难题。引导和推动信用评级(评分)结果在贷款、保险、政府采购、项目招标、企事业单位用人考核等方面的广泛运用。逐步形成以政府信用为保障、个人信用为基础、小微企业信用为重点的社会信用体系。

4.强化综合惩治措施

加强金融机构与司法、国土、工商等部门间的合作,依法加大对不守信用的企业和个人的惩治力度。完善打击恶意逃废银行等金融机构或组织债务行为的机制,深入打击恶意逃废银行债务、保险违法和损害投资人权益等行为,创造金融业健康发展的良好环境。建立金融业机构与司法部门、各行政执法部门的合作协调机制,增强金融诉讼案件的公正性,提高执行效率,维护金融机构、投资人、债权人的合法权益,净化金融生态环境。

三、着力推进小微金融产品研发基地建设

1.组建台州路桥小微金融产品创新研究中心

按照"政府引领、企业主导、院校支撑、市场运作"的推进原则,依托台州银行、浙江泰隆银行、路桥农村合作银行长期服务微小所累积的经验和强有力的市场开拓能力,整合国内外小微金融研究力量,形成国内一流的小微金融问题研究团队,创造性地开展中国特别是浙江本土化的小微金融产品创新的系统研究,探索并规模推广小微金融帮扶弱势群体创业的商业化可持续、可复制发展模式,提升小微金融的引富助贫功能,努力打造特色化、专业化和市场化的金融服务,为创建全国"小微企业金融服务创新示范区"提供智力支持,做强做优"浙银品牌"。

2.设立小微企业信贷投资基金

值得强调的是:对微小企业实行减税、补贴虽不失为一种支持的方法,但若由政府牵头,鼓励财政、企业事业等单位共同出资设立微小企业信贷投资基金,由小微金融运营卓越的金融机构按照市场化原则专款专用,专为小微企业提供信贷服务,不仅能保证本金安全,还有望获取较高的利息收入,实现财政、企事业单位闲置资金帮扶小微企业的商业化可持续发展。

3.拓宽中心镇发展的融资渠道

加大中心镇优质企业培育力度,使其尽快列入上市培育对象;积极争取发行企业债;探索发行信托投资、银行理财等产品,拓宽中心镇城市建设和产业发展的筹资渠道;支持符合条件的中心镇企业在银行间债券市场发行短期融资券、中期票据、中小企业集合票据等债务融资工具;加强中心镇与有实力、有经验的大企业合作,采用 BT 模式,加快中心镇建设步伐;鼓励中心镇企业与股权投资机构合作,通过股权融资,引进战略投资者,增强资本实力,加快转型发展;推动农村产权交易所服务延伸并覆盖中心镇,促进小城市和中心镇资源充分融通、产权有序流转。

4.积极研发适应新农民创业需求的金融产品

深化研究推广"丰收小额贷款卡、易创通、绿贷通、农贷通、路银通"等惠农创业金融产品,针对新农民多样化的金融需求,勇于创新金融产品,继续推广农户小额信用贷款、农户联保贷款、林权抵押、农房抵押、土地承包经营权抵押、知识产权质押等创新贷款业务,积极推出仓单质押、应收账款质押等物流仓储金融;改进和完善农村金融服务方式,打造"便民银行",积极推动农村金融服务电子化、信息化和规范化,提升广大农村网点服务水准和运营效率;引导并激励保险公司创新涉农创新保险产品,稳步推动城乡创业者(小微企业)小额贷款保证保险、农民自主创业保险,分散农民自主创新风险。

5.深入研究创新农村信贷模式

按照"政府扶持、金融支持、企业参与、市场运作"的方式,鼓励银行机构积极探索新农村建设项目贷款、银团贷款等金融创新模式,助推美丽乡村建设,重点支持特色农业生产功能区、现代农业综合区、主导产业示范区和特殊农业精品园区建设;针对农户和农村小微企业的实际情况,发展多种形式担保公司,尽早建立政府财政控股的政策性小微企业担保公司和农业担保公司,大力发展农村互助担保组织,建立担保基金,鼓励各类信用担保机构进行金融创新,拓展农村担保业务;强化保险机构对开展新农业保险的大局意识和历史责任感,积极研发适合新农业发展的保险产品和服务,推动开展多种形式的农业保险试点,分散农业信贷风险。

四、着力推进小微金融服务基地建设

1.推动小微金融研究和交流,创办两岸小微金融发展论坛

联合两岸具有代表性的小微金融研究机构,于 2012 年下半年举办首届"中国台州(路桥)·两岸小微金融发展论坛",邀请两岸金融界领袖及小微金融专家、学者与路桥金融机构交流,把台湾地区开展小微企业金融服务的成功经验引入路桥小微金融创新过程,力争把论坛办成最具影响力的两岸小微金融年度交流平台。

2.鼓励小微金融产品和服务创新,建立小微金融创新奖励制度

鼓励区内各类银行进一步提高小微企业贷款占比,或者通过发行中小企业金融债提升服务小微企业能力;鼓励各类金融机构针对路桥小微企业需求,开发微型贷款、绿色信贷、信用证融资、科技金融等类型的小微企业金融产品和服务项目;鼓励各类金融机构、金融中介组织开展合作,创新小微金融服务模式和类型。在此基础上,由政府设立"小微金融创新奖",奖励金融机构开发和推广优秀的小微金融产品和服务模式,并在年度小微金融发展论坛上颁发该奖。

3.创新微型金融人才培养模式

微型金融因其服务的客户大多是"四没有"(没有标准化的管理、没有财务报表、没有抵押担保物、没有和银行打交道的经验)的弱势群体,需要客户经理在"眼见为实"的实地调查的基础上提供"强势服务",有效突破抵押,提供信用、准信用贷款。因此,有效的微型金融

人才培训机制须包括以下几个方面：一是被培训机构高层的持续支持；二是本土化的微贷理论和实践教材；三是本土化的培训师队伍；四是相对独立的微贷运营环境等。据台州银行、浙江泰隆银行小微贷款客户经理培训实践经验，刚毕业的大学生培训过程分为两个月左右的理论学习，四个月左右的见习、实习，培训周期共计六个月。当然，培训合格的微贷客户经理能否有效发挥作用，关键还需要有一个优良的微贷运行环境。因此，先进的微贷技术要想成功本土化，除拥有一支合格的微贷客户经理队伍外，关键还要有一套完善的制度环境支撑。

4. 建设小微金融人才培养基地

一方面，台州银行、浙江泰隆银行在发展小微贷款、小微金融人才本土化培训方面取得了巨大的成功并积累了丰富的经验；同时，就全省乃至全国而言，小微企业、个体工商户占比高，因其"四没有"（没有标准化的管理、没有财务报表、没有抵押担保物、没有和银行打交道的经验）融资十分困难，究其原因，关键在于缺少拥有微贷技术的人才队伍；再者，近些年两家城商行每年均不得不接待数百批次前来"考察、学习"微贷技术的兄弟行社及相关部门领导，数天的"考察、学习"不仅不能取得令人满意的效果，更是浪费了彼此的时间和精力。就目前而言，亟须借鉴国际微贷推广模式及路桥两家城商行成功的微贷运营经验成立小微金融人才培养基地，向其他金融机构和社会开放。对省内及至全国有微贷培训需求的城商行、农行社、村镇银行、小额贷款公司等地方性金融机构，通过市场化运作，为有志从事小微金融的人士提供微型金融理念、技术、制度等系统培训，将其打造成学习型组织、创新性团队，努力培养用得着、留得住的小微金融人才，把路桥打造成为我国有代表性的小微金融人才培养基地，为创建全国"小微企业金融服务创新示范区"提供人才支持。

第四节　做强做大产业金融

金融必须服务于产业，金融脱离产业自我发展，虚拟膨胀，必将造成金融危机。这已为国际金融业的发展事实所证明。产业是基础平台，利用金融为产业服务，实现金融与产业互动发展，就能加快产业的发展并创造新的价值。从路桥区产业发展基础出发，着力发展汽车金融、商贸金融、资源再生金融等产业金融形式，既是未来时期路桥区积极打造现代产业体系、提高产业核心竞争力的重要保障，也是路桥区打造区域性金融特色城市，争创浙江省金融创新示范区的客观需要。

一、大力发展汽车金融

汽车产业是路桥的支柱产业之一。区内现拥有吉利、吉奥两家汽车整车生产企业，2011 年共生产汽车整车 10.16 万辆，规模以上汽摩制造企业实现产值 94.56 亿元。汽车产业是资金和技术密集型产业，路桥汽车产业的进一步壮大发展，"中国经济型汽车生产之都"和"中国最大皮卡生产基地"的打造，都离不开汽车金融服务的支持。创新发展汽车金融服务，开发汽车金融市场，构建覆盖生产、流通、消费、维护到回收各个环节的汽车产业金融服务链，多方面拓宽汽车产业发展融资渠道，正日显迫切。

1. 支持汽车生产企业建立汽车金融公司

用汽车金融服务促进汽车销售已成为国际通行的主流汽车营销方式。从国外汽车金融服务机构来看，既包括商业银行、信托公司等金融机构，也包括汽车金融公司等专业化组织。一般有制造厂商背景的汽车金融公司均是为自己品牌的汽车整合销售体系和提供专业化的服务。国内成立最早的上汽通用汽车金融公司,即对上汽通用旗下全车系车型提供消费信贷服务,现已向全国近百万汽车消费者提供了汽车金融服务,业务覆盖全国逾255个城市的1300多家汽车经销商4S店。目前,路桥汽车企业尚未建立专业的汽车金融公司,对自主品牌汽车相对缺乏支持。在合资汽车企业日益重视经济型轿车产品的竞争态势下,路桥应积极创造条件,争取设立专业汽车金融公司,以便丰富自主品牌汽车营销手段,为企业在产业价值链上提供更专业化的服务。

2008年6月,奇瑞徽银汽车金融有限公司正式成立,这是中国银监会批准的第一家国内自主品牌汽车与国内本土银行合资成立的汽车金融公司。奇瑞汽车进军汽车金融行业,促进了自主品牌轿车的销售,也为企业创造了新的利润增长点。奇瑞汽车的做法值得路桥借鉴。鉴于目前监管部门对设立汽车金融公司的注册资本金要求较高,以及区内拥有民营商业银行等优质金融机构的现实,路桥可考虑以区内汽车厂商与商业银行合作的方式组建汽车金融公司,在此基础上,通过创新信用风险管理模式和产品模式,积极为特定的客户开展融资,促进汽车消费信贷模式的多元化,提供涵盖新车、汽车租赁和二手车市场等整个汽车消费链条的金融服务,提高消费者对路桥汽车的满意度和忠诚度。

2.鼓励区内商业银行发展汽车供应链金融

引导路桥区内的银行机构将金融服务与路桥汽车行业核心企业的供应链管理结合起来,根据汽车行业客户在供应链中所处的位置和行业特点,努力挖掘企业之间的产业链、物流链和资金链关系,积极提供适合企业运营的专属金融服务方案,以充分满足处于供应链中不同类型企业的各种金融需求。

要着力推动区内银行与路桥各汽车厂商及汽车产业链上的零部件供应商、汽车经销商和终端消费者开展密切合作,协助汽车整车厂提高供应链管理水平,改善汽车生产企业和供应商、经销商的资金运用状况,提高资金使用效率,维护稳定汽车原材料及零部件供应和汽车销售体系,促进汽车产业链上成员企业的生态和谐,进一步提高路桥整车厂的竞争优势,促进路桥整个汽车行业又好又快发展。

支持区内金融机构应用三方保兑仓业务为整车装配企业提供供应链融资服务,拓展销售渠道,扩大市场覆盖率。积极开展汽车合格证质押为汽车经销商提供供应链融资服务,促进其减少购货成本和资金占用。鼓励银行探索应用"保兑仓＋汽车合格证质押"的组合方案,为汽车供销双方提供供应链融资组合服务。

3. 积极创新汽车信贷产品和服务

支持金融机构根据路桥汽车整车制造及车辆配件企业生产和资金流动特点,积极开展信贷产品创新,有效满足汽车产业企业资金需求。鼓励银行机构发放并购贷款,支持大型汽车企业实施兼并重组,进行资本运作,扩大生产规模。推动采取由核心汽车企业为汽车销售企业提供担保回购的方式,签发银行承兑汇票,解决汽车经销商在产品采购中流动资金不足的问题。在加大传统信贷支持的同时,引导区内金融机构扩大面向整车生产及汽车零部件制造企业的无抵押品的应收账款保理业务、零保证金银行承兑汇票等融资方式,支持汽车相关企业做大做强,提高产品的市场占有率。鼓励银行业和担保公司深化银担业务合作,对汽车产业链中的小微企业进行前期联合调查,在风险可控的前提下,开展无反担保银担合作,积极破解银担合作的瓶颈制约,为路桥汽车行业小微企业融资创造条件。结合汽车行业原料、产品和销售回款特点,探索抵押、质押业务创新,尝试同业联保、行业上下游互保等信用增信方式。

应将金融机构支持汽车产业情况纳入信贷政策执行效果评估、金融机构综合评价指标等评估体系,对支持效果明显的地方法人金融机构在再贷款、再贴现等业务开展方面给予优先支持,对银行业金融机构支持科技型、成长型的汽车小微企业融资给予财政补贴、财政贴息、税收减免等优惠政策,以此调动金融机构开展汽车产业信贷产品创新,支持汽车相关企业的积极性。推进建立金融机构与车辆、交通管理、司法部门的信息联动和快速反应机制,减少金融机构的风险处置成本。借鉴国外成功经验,探索组建专门的汽车贷款信用担保公司以分散风险。

4. 在防范风险的前提下加快发展汽车消费信贷

支持驻区银行机构完善汽车消费信贷制度和业务流程,实现资信调查、信贷办理、车辆抵押、贷款担保、违约处置的汽车消费信贷全过程法制化、规范化。引导银行机构以消费者收入层次、年龄、信用评级、借款人性质、车辆使用性质等为标准将借款人细分,针对不同的借款人,设置差异化的还款计划、利率浮动等个性化汽车消费信贷服务。对于就业能力强、收入较高且信用良好的汽车消费信贷客户,允许发放信用贷款。鼓励将形式多样的服务融入贷前、贷后的各个环节,创新立体化的汽车消费金融业务,支持开展购车储蓄、车房还款同缴等金融服务,扩大一站式服务范围,分散汽车消费信贷风险,积极打造路桥汽车消费信贷的服务品牌。

着力改变主要以车辆抵押的单一抵押模式,支持将抵押物延伸到房产、土地使用权等固定资产、存单等有价单证以及其他不易贬值、易于变现的资产上。创新信用担保方式,鼓励采用保证保险、厂商担保、经销商担保及担保公司信用担保,探索采用组合担保方式,严格规定各方当事人的进入、退出的条件,明确相互之间的利益与风险分担机制,分散、减轻银行所承担的风险,扩大汽车信用消费的总体规模。大力推进个人资信咨询网络的建设,协调金融机构、工商、税务、商务、法院等部门开展紧密合作,推进信用信息的征集和更新,使跨行业、跨系统的信息资源实现共享,为汽车消费信贷提供方便快捷的信息查询服务,以全面准确地获取汽车消费信贷申请人的资信材料,防止各种骗贷行为。

5.积极完善汽车产业信贷保险机制

加强银行业机构、保险公司和企业的三方合作,联合设计开发防范汽车贷款业务风险的有关保险品种,通过银、保、企三方联姻,在提高保险经营收益的同时,降低银行信贷风险,帮助企业顺利融资,实现银、保、企三方共赢。稳步发展汽车消费贷款保证保险业务,探索推出由购车人和借款银行共同缴纳保费的车贷险,争取在车贷险不影响消费者贷款购车需求的情况下,提高保险公司对银行汽车贷款风险的覆盖,促进汽车消费市场平稳发展。支持保险、银行联手建立汽车消费贷款及其保证保险的失信惩戒机制,加大失信行为成本,使投保人的行为更加规范,实现汽车消费信贷业务的良性循环。

6.不断深化金融机构与汽车企业的业务合作

一是鼓励金融机构和整车厂建立战略联盟,共同进行产品开发和推广。整车厂一般对客户需求有较好的了解,而金融机构在金融产品开发中拥有经验。组建战略联盟,恰当平衡双方利益,将使得汽车金融产品的开发和推广变得更为顺利和高效。二是鼓励金融机构和汽车经销商建立广泛合作。汽车经销商具有了解市场、对汽车产品和服务反应及时的优势,应探索在金融机构和经销商之间开展多种形式的合作关系,以此促进银行根据市场变化提供合适的金融服务,加快市场培育。如由经销商凭借其专业经验和行业知识协助银行收集真实客户信息、进行资信调查、推荐优质客户,由经销商代银行收缴贷款本息,由经销商以自身资产为客户承担保证责任,等等。

三是鼓励银行与汽车租赁公司合作,共同经营汽车租赁业务,发掘更多的商业机会。四是鼓励银行与各类汽车及配件、用品销售市场合作,通过市场进行担保,为市场中的企业授信,或通过市场中的企业进行联保联贷,拓展银行在汽车行业中的业务范围。

二、大力发展商贸金融

商贸业是路桥服务业中的一大主导行业。经过多年的发展,目前路桥已形成生活资料和生产资料两大市场群体,拥有各类专业市场 33 家,其中亿元以上市场 20 家,省级星级市场 21 家,2011 年实现亿元以上市场成交额 347.82 亿元。在新形势下,路桥商贸业面临着扩大辐射空间、转型提升、实现持续繁荣的要求与任务,需要金融业大胆探索,大力开展金融创新,加大信贷有效投入,提升金融服务水平,为将路桥区打造成浙东南重要的生活资料市场流通中心、国内具有影响力的生产资料分拨分销服务高地发挥强有力的助推与支撑作用。

1.积极创新适合专业市场特点的授信担保方式

专业市场内的商户和小微企业,通常租用市场方的场地经营,缺少可供抵押的固定资产,除了部分商户和小微企业能够得到银行融资支持外,尚有相当比例的经营户存在融资难问题。因而迫切需要对授信担保方式进行积极探索,多渠道解决市场内商户融资担保不足的难题。

一是进一步扩大联保贷款的覆盖面,支持市场商户通过“抱团增信”、多户联保的方式融资。鼓励放贷机构根据联保小组成员的信用等级、经济状况、贷款额度以及抗风险能力来决定小组的具体户数,以方便联保小组的组建。引导放贷机构适当简化手续,制定明确的联保贷款建组、申请、审批、发放和还款等环节的操作规程,提高运作效率。

二是推动开展由市场管理方或商业性担保机构担保,采用"市场＋商户"、"1＋N"的担保模式,对专业市场内商户和小微企业提供批量融资服务。重点发展由市场管理方承担连带责任、保证担保的批量化商户租金的贷款融资模式,即在市场管理方愿意对商户租金贷款承担连带责任的条件下,由银行给予专业市场内全部经营商户一个最高额授信额度,并向市场管理方推荐、认可的商户发放租金贷款,商户的贷款直接划入市场管理方的银行账户抵扣租金。上述模式有助于解决众多商户租金交纳方面的资金短缺问题,也便于市场管理方一次性收取未来若干期限的租金,增加其现金流,实现多方利益的相互渗透。

三是由地方政府成立专业市场风险基金,通过风险基金对专业市场经营户贷款进行风险补偿的方式,鼓励放贷机构为专业市场经营户提供融资服务。制定风险基金相关管理办法,明确基金的监督部门和运作程序,争取每年增加风险基金基数,不断扩大防风险能力。借助风险基金这一手段,为金融机构在贷款程序之外增加又一道防风险屏障,减小金融机构可能的风险损失,提振其对专业市场经营户的放贷信心,实现财政资金和信贷资金的有机融合,促进形成财政、信贷合力扶持路桥专业市场提升发展的格局。

2.试点发展由市场管理方发起组建的专业性小额贷款公司

小额贷款公司作为一种以"小额、分散"为原则、"只贷不存"的金融组织,在聚集民间资金、服务小微企业和地方经济发展方面正发挥出积极作用,成为金融支持实体经济发展的一个有益补充。鉴于路桥专业市场数量众多的经济格局,有必要在已有试点的基础上,争取新增试点名额,积极探索由专业市场管理方作为主发起人来设立小额贷款公司的组建模式,搭建地方金融服务新平台。

由市场管理方发起组建专门为市场内商户提供融资的小额贷款

公司,可有效利用市场管理方对市场内商户的经营状况、赢利水平、业务规模、个人品格等较为了解的优势,利于解决信息不对称问题。同时,市场管理方在对商户的抵质押物评估、变现及违约后的处置等方面亦更为专业和便利,有助于降低交易成本。以上这些优势使得来自于市场内部的小额贷款公司可以更好地以简便的融资手续、灵活的贷款期限来克服市场中商户和小微企业申贷能力不足的难题,解决其急迫的融资需求,从而更充分地发挥对现有正规金融机构的互补功能,促进路桥多层次融资体系的构建。

为确保由市场管理方发起组建的专业性小额贷款公司的成功运作,应争取突破单一股东持股不得超过小额贷款公司注册资本总额10%的限定条件,提高作为最大股东的市场管理方的持股比例,强化其对小额贷款公司的风险防范和控制。针对此类小额贷款公司临时性、季节性贷款需求扩大的特点,在不能向公众吸收存款的前提下,应尝试创设临时性股东的入股资金募集机制,即在特定时段根据需要募集临时性股本用以放贷,贷款收回后,对临时性股东退还其临时性股本。而收益分成和风险承担,则由稳定性股东和临时性股东协商确定。与此同时,在对辖内银行业的业绩考评中,有必要增加银行向小额贷款公司提供融资的奖励,促进正规金融机构对小额贷款公司的资金支持及建立业务合作机制。

3.大力开发适应专业市场经营主体融资需求的信贷产品和信贷制度

着力拓宽抵押物范围,深化信贷产品创新。鼓励银行业金融机构针对路桥商贸业的特点和实际情况,破除不动产抵押崇拜思想,积极采用多样和灵活的抵押方式。进一步推进强化银行与市场管理机构、中介机构等的合作,完善摊位、商位使用权质押贷款,对稳定商位的商户适当延长贷款期限,对超出质押商位评估价值部分的资金需求,采取由其他经营户进行担保补充等方式予以解决。探索开展特许经营权质押贷款业务,对拥有生产中心、自产自销的商户,积极办理原材料质押贷款、动产抵押贷款。

大力开发物流金融和供应链融资产品。推动金融机构围绕路桥专业市场产业链、资金链和供应链特点,加强与专业化仓储公司、物流公司的合作,完善仓单、存货、应收账款等抵质押贷款业务,着力探索开展标准化仓单质押、提货权质押、存货浮动质押、动态质押等创新业务,综合运用票据承兑、贷款、物流保理等业务模式,推广围绕核心企业、覆盖供应链上下游的供应链融资产品,满足路桥市场服务业中仓储、流通、交易等各个环节的融资需求。

推进建立适合市场经营户经营特点的专业化信贷管理模式和业务流程。鼓励金融机构合理设置信贷审批权限,采取非财务信息评估等灵活多样的贷款调查审批机制,加大信用评级中反映经营者自身情况的定性指标权重,注重对"软信息"的分析与运用,并通过标准化的信贷流程设计,实现商户融资的"化繁为简",提高贷款审批效率,满足路桥市场商户"急、小、短、频"的融资需求。对贴现、存单质押贷款等低风险信贷业务,支持突破正常的授信管理限制,采取即时增加授信的办法。加大信贷创新品种和金融服务品种向市场商户的推介力度,积极建立银商互通信息、互利互惠的互动机制。

4. 着力加大电子商务领域的融资支持力度

借助电子商务这一新型交易方式,逐步实现专业市场功能、交易主体、交易规模、交易范围、交易方式的创新与提升,已成为基本的发展方向。为此,应加大对专业市场应用电子商务平台的金融支持,加强信贷投放倾斜扶持网上批发企业和专业网络购物企业的发展,推进改造以"三现"交易为主的专业市场,推动实现"一商两店"、"一市两场",以电子商务的发展助推路桥专业市场和块状经济的转型升级。

大力推进探索多形式支持现代流通新方式和电子商务发展的金融服务模式,满足电子商务企业合理的融资诉求,促进无形市场与有形市场融合发展。支持区内金融机构根据电子商务的交易方式特点,综合运用无形资产质押、动产抵押、网络联保等手段,创新电子商务担保方式,灵活设计贷款期限,满足电子商务企业个性化资金需求。鼓励银行业金融机构加强与国内知名电子商务门户网站的战略合作,将云计算等先进技术引入风控,设立专项信贷指标,努力扩大网络贷款规模。鼓励探索把电子商务行为数据转化为信用数据,改进面向电子商务企业的资信评级方法,提升服务电子商务企业融资的信用环境。

5.积极提升市场流通业支付结算效率

进一步加强银商合作,不断完善银行卡品种和功能,扩大银行卡使用范围,开展"刷卡无障碍"建设,适当降低银行卡手续费标准,推动更多商户受理银行卡,方便消费者使用银行卡支付。积极为支付结算服务需求量较大、信用较好的市场经营户提供支票服务。支持银行业金融机构完善电子网银、手机网银、电话支付、移动支付等新型支付业务,积极构建安全高效的现代支付服务体系,提升电子结算水平,为市场经营户账务往来结算提供快捷通道,并加大营销力度,为引导经营户积极使用新型支付方式创造条件。支持有条件从事支付业务的路桥非金融机构申请《支付业务许可证》,积极培育第三方支付机构,鼓励支付产品和服务创新,更好地服务路桥市场功能拓展和业态提升。

三、大力发展资源再生金融

路桥金属资源再生产业起步早,发展迅速,现已构成路桥区经济增长的重要组成部分。目前路桥已成为全国最大的金属资源再生产业基地之一,有国家环保部批准的定点企业34家,其中产值亿元以上企业29家,超10亿元企业2家。2011年金属资源再生产业实现规模以上工业产值176.34亿元,占全区规模以上工业总产值的35.2%。但这一支柱产业尚存在产业集约化程度低、生产方式粗放、企业实力不强、投资不足和融资困难等问题,这些都需要建立有效的金融支持体系来克服和破解。

1.着力推进贸易融资业务,满足资源再生企业实际需求

积极改善贸易融资环境。鼓励有条件的银行业金融机构设立相对独立的贸易融资业务部门,积极向上级行争取下放部分常规贸易融资审批业务权限,在坚持风险可控原则的基础上,增加对有竞争力的金属再生企业的授信额度。加强资源再生行业征信体系建设,逐步建立企业财务和商业信用等非银行信息平台,将企业的商业履约信用纳入征信系统,解决银企信息不对称的问题。进一步健全中小企业信用担保体系,支持担保机构拓展中小企业贸易融资担保,为银行扩大对信用好、有市场的中小金属再生企业的贸易融资提供支持。推动提高贸易融资所涉及的支付结算、外汇管理等环节的便利化水平,将贸易融资业务纳入信贷政策导向效果评估内容,加强对金融机构贸易融资的评估与奖励。

努力加大贸易融资支持力度。推动金融机构建立和完善科学有效的风险管理体系,简化贸易融资流程,不断提高审批效率,全面提高贸易融资的便利性,支持金属再生企业固废进口,缓解企业融资难和融资成本上升的问题。大力推进进口押汇、海外代付、假远期信用证、进口托收押汇等业务发展,鼓励商业银行根据进口商资信、经营作风、资金实力及市场行情等综合因素采取灵活的开证保证金收取比率。鼓励运用股权、存货、应收账款、无形资产等作为抵(质)押物进行贸易融资,增进企业信用,扩大贸易融资规模。促进银企沟通,

为企业量身定制贸易融资服务方案;加大贸易融资产品创新,积极探索创新适合金属再生企业实际情况及业务发展客观需要的贸易融资产品,鼓励银行业金融机构充分运用银行信用、商业信用和物权等多种信用增值工具,开发贸易融资产品组合,帮助企业解决进口开证、进口付款等环节的融资问题。支持金融机构建立与国外供货方的联系机制,全面掌握企业贸易的真实背景,严厉打击信用证套资诈骗行为,促进贸易融资的可持续发展。

2.突出信贷支持重点,积极创新信贷产品和服务方式

引导银行业金融机构按照商业可持续原则,对金属再生企业兼并重组、产业整合、科技创新、工艺和装备提升、拉长金属再生行业产业链、促使资源产业化等领域,重点给予信贷支持;深化对金属再生产业配套服务的金融支持,积极满足金属资源再生产业基地的基础设施建设,相关公共技术服务平台、公共网络信息服务平台的建设,以及运营过程中的融资需求。加大技术改造贷款投放,大力扶持金属再生企业开发、应用节能降耗和综合利用新技术、新设备,不断提高固废拆解率,培育清洁型生产企业。

支持驻区金融机构充分考虑金属资源再生企业和项目的特点,提供多种信贷产品,创新金融服务机制,形成适宜的金融产品结构,为金属再生行业发展提供充足的信贷支持。鼓励银行不单纯以企业资金流量来进行贷款决策,而应从金属再生企业资产、资金流量、订单、产值、担保等角度来全方位评价确定。大胆创新贷款抵押担保方式,积极探索开办原材料和产成品抵押、动产质押、退税应收款质押、仓单质押、存货质押、应收账款质押、上下游企业担保以及包括专有知识技术、许可专利在内的无形资产质押等贷款业务,以有效解决中小微金属再生企业贷款难问题;鼓励银行业金融机构协调第三方物流企业和上下游企业运用存货、应收账款进行供应链质押融资。适

当扩大信用贷款面,对低污染、效益好的金属再生龙头企业,支持发放信用贷款给予支持,并积极提供相应的投资咨询、资金清算、现金管理、资本运作、外汇管理等金融服务,促进其进一步规模化发展。

3.多渠道拓展促进金属再生企业发展的直接融资途径

积极扩大债券融资规模。通过举行企业债务融资工具创新产品推介会、交流会等形式加大宣传、推介、引导对接力度,提高金属再生企业对直接融资的认知度和积极性,支持符合条件的金属再生企业在银行间债券市场发行短期融资券、中期票据等债务融资工具。依托路桥金属再生产业集群,重点支持金属资源再生产业基地内技术含量高、市场前景好的优质中小企业发行中小企业集合票据。加强与国家债券发行主管部门的沟通联系,大力支持符合条件的金属再生企业发行中小企业私募债,争取引入区域集优债券融资模式。加强与承销商建立的战略合作关系,鼓励各类担保机构为路桥债权融资产品的发行提供担保服务,着力完善信用增进机制、偿债保障机制等结构设计,提升债项评级,降低金属再生行业中小企业融资成本。建立债券融资后备企业资源库,根据不同债券融资工具的条件和要求,分层次对企业进行辅导,提升企业债券融资能力。加大对债券融资工作的资金支持,由区财政每年预算安排一定数额的引导资金,专项用于对成功发债融资的奖励和补助,鼓励企业充分运用各类债券融资工具。

进一步发展股权融资。按照多渠道、多市场推进的思路,遵循"申报一批、储备一批、培育一批"的要求,根据主板、中小企业板、创业板等多层次资本市场的不同上市条件和要求,积极筛选路桥资源再生行业中的优势企业作为上市后备资源,进行重点培育,支持符合条件的企业申请境内外上市和再融资。支持拟上市企业引入持股期长、能够提供增值服务的专业股权投资机构,改善股本结构,完善公司治理,提升企业核心竞争能力,加快上市步伐。

支持探索发展各类新型直接融资模式。吸引产业投资基金和股权投资基金投资于资源再生企业和产业基地建设,进一步拓宽融资渠道。开展与信托公司的合作,积极为路桥资源再生产业提供项目信托产品,为中小企业提供集合信托产品等融资支持。鼓励银行、融资租赁、担保、创业投资等各方加强合作,探索建立资源集成、优势互补、风险共担的多元化投融资机制,发展债权、股权相结合的融资模式,满足不同成长阶段企业的融资需求,优化融资结构。探索符合条件的企业赴境外人民币市场发债,促进融资渠道不断多元化。

4. 推进发展绿色信贷

坚持以提高环境质量、促进循环经济发展为导向,支持金融机构完善绿色信贷机制,推广低碳金融创新业务,积极开展排污权抵押贷款、能效贷款等绿色金融产品,加大对资源再生产业节能减排、先进工艺和装备的信贷支持力度,构建节能环保、经济和社会效益良好的信贷资产格局,促进产业转型升级和绿色发展,把路桥建设成为资源节约型和环境友好型的宜居之城。

引导金融机构把可持续发展因素、污染物排放、环境因素纳入贷款评估体系,探索建立符合资源再生产业特点、支持环境保护与地方经济发展的信贷管理模式,采取差异化绿色信贷授信政策,优先支持和保证对资源再生与汽摩、机电、塑料模具等产业形成链条对接,实现循环互动发展领域的资金需要,重点扶持环境污染少、科技含量高、经济效益好的金属再生企业发展,提高污染严重企业的信贷准入门槛。将资源再生企业执行行业环保管理规定情况和环境行为信用等级评价结果作为授信审查审批的重要依据,按照融资项目对环境的影响程度大小给予不同的信贷支持,建立根据企业环境信息追加、压缩授信额度或退出贷款的动态调整机制。加强"绿色信贷"的利率定价机制建设,通过差别利率体现对构建保护生态环境的金属再生产业增长方式的支持。推动加强金融部门与环保部门的协作,建立环保信息共享体系,逐步将环保信息纳入企业征信系统,便利金融机构及时了解授信企业的环保合规情况和减排目标的完成情况,为开展绿色信贷提供必要的配套支持。

第五节　做实做优民间资金运营载体平台

路桥是浙江省民间资本较为丰富、民间融资较为活跃的地区,大量民间资本的存在既有利于支持地方经济,又可能引发金融风险。因此,如何引导民间资本有效转化,促进路桥实体经济和产业发展,是摆在政府面前的一项极有意义又相当艰巨的任务。近年来,国家对有效引导和利用民间资本的问题高度重视,温州金融综合改革试验区的核心任务之一就是破解民间资本阳光化、规范化难题。如何借力"温州金融改革"的东风,做实做优民间资金运营载体平台,规范路桥民间资本的管理,促进民资向实体经济的有效转化,降低民资过度虚拟化带来的潜在风险,实现"民间资本运行稳健,转化为实业资本的渠道通畅"的目标,是路桥金融发展和金融创新过程中亟须解决的重大问题。

一、全力拓展民资转化为实业资本的渠道

民间资本转化为实业资本,一方面能有效解决路桥广大中小企业融资的迫切需要,另一方面也能有效避免民间资本过度虚拟化带来的潜在风险。因此,实现民间资本向实体经济的有效转化,是规范路桥民间资本发展的根本目的。一般来说,民间资本转化为实业资本的途径主要有以下三条:直接投资、以股权方式转化、以债权方式转化。

1.积极引导以异地"路桥商会"为基础的民资回流

结合台州市路桥区打造"总部经济"和"台商回归"的发展战略，以异地台州商会、路桥商人香港同乡会以及异地"路桥商会"为依托，引导路桥人在外资本回流家乡。尽快编制专门面向在外路桥商人的招商项目，由区政府主要领导带队，专门向在外商会进行推介，鼓励在外路桥商人回乡兴办高新技术企业。

2.尽快组建路桥自己的产业引导基金

在2012年3月路桥出台的《路桥区发展股权（创业）投资公司和投资基金管理机构的鼓励促进政策》的基础上，由台州恒金创业投资有限公司出资参与，力争与国内著名创投公司合作，财政出一定比例资金，募集资金2亿人民币，引导各类资金投入路桥的产业升级特别是汽摩、机电、金属资源再生等主导产业和农机、卫浴洁具、塑料制品等特色产业以及新材料、新能源、新装备产业发展，并视基金运作情况对产业引导基金进行增资扩股，加大引导力度。

3.大力发展股权投资机构

大力发展风险投资、私募股权投资、天使投资等股权投资机构，发挥其"孵化器"和"加速器"功能，重点扶持具有自主知识产权的孵化期企业和高成长型企业。通过引入品牌创投公司、本地企业共同出资、本地两家创投公司增资扩股等渠道，采用有限合伙等方式，力争吸引超过20亿人民币的民间资本，投资设立5家以上各类股权投资基金及其管理公司。同时探索设立并购基金，由并购基金公司为企业提供专业化的并购服务。

4.创新发展债券业务

以发行中小企业私募债为重点，以路桥上市企业库为对象，对于暂未达到创业板上市要求的拟上市企业，通过与省内知名证券公司合作，尽快推出中小企业私募债的金融产品。同时积极争取发行企业债券,支持路桥金属资源工业再生园区等重点项目的融资需求,待时机成熟时还可考虑开展资产证券化工作。

二、积极创新符合民资需求的金融产品

根据浙江省"十二五"金融业发展规划打造"民间财富管理中心"和台州市建设金融特色城市的要求,路桥应率先在民间财富管理方面有所突破,一方面吸纳充裕的民间资本,引导其投入实体经济;另一方面根据不同对象的民资需求,通过创新财富管理的产品,有效解决民间资本投资渠道不畅的问题,提高人民群众收入。

1. 开发面向私募债合格个人投资者和高净值客户的金融产品

鼓励商业银行和证券公司针对银行账户和证券账户资产在 500 万元以上的客户进行产品开发,使其成为 VC、PE 和产业引导基金的募集对象,成为中小企业私募债和其他结构性金融产品的购买群体。

2. 开发面向中产阶层特点的理财产品

积极发展理财产品市场,开发多样化的高端理财产品,创新发展银行理财产品市场,探索发展基金理财、信托理财、阳光私募理财及保险理财等理财市场,推进人民币和外汇等理财产品市场的发展。

3. 大力发展人寿保险业务

路桥居民的消费结构已出现从消费型转变为注重生活品质提高的发展趋势,按照国际经验,这一阶段中对人寿保险的需求将呈大幅增长趋势,人们将越来越重视风险防范及人身保障,但现有寿险产品与我国香港等发达地区相比存在收益率低、保障不足等缺点。建议以 1～2 家路桥优质保险公司作为试点,鼓励保险公司针对路桥人寿保险市场进行调研,并积极争取总公司支持,开发出适合路桥特点的人寿保险产品,将其作为路桥保险业未来发展的增长点。

三、努力提供与民资转化相配套的公共服务

温州金融改革的突出特点就是"防范民间金融风险,提高对民间资本转化的服务能力"。路桥应进一步提升在金融领域的服务意识和风险意识,积极搭建便利民资转化的新平台和新载体,建立与民资转化相配套的市场环境,进一步改进金融领域的公共服务,同时构建防范民间资本风险的"防火墙"。

1.搭建便利民资转化的新平台和新载体

建立"数银在线"等类似机构或与其合作建立网络融资平台,中小企业可以通过该平台免费发布融资需求,金融机构或可提供资金的个人可以浏览信息,为企业提供相应资金支持,政府将为进入该平台融资的交易提供相应的政策配套保障(如法院优先受理案件并加强纠纷判决结果的执行力度);同时在现有台州银行、泰隆银行已经开展的委托贷款业务的基础上,鼓励银行更多地参与委托贷款的中介服务,扩大委托贷款的业务范围,提高民间资本的转化率。

2.探索间接金融、直接金融融合发展的小微金融互助服务平台

"路桥小微金融互助服务中心"由政府和三家地方法人银行共同发起,汇集民间资金供求信息向发起方开放,形成三家银行客户经理自主开发客户以外的增量客户池或项目池,并以此为基础,开展小微贷款、委托贷款、民资托管、民资对接等业务。我们认为,该平台如能够有效运作,将带来政府、银行、小微企业和民资多赢的局面。对于政府而言,既能够支持和服务地方银行,又搭建了民间资本转化平台,通过借助银行的规范化服务,促进民间资本阳光化;对于地方法人银行而言,既能够做大增量,进一步挖掘服务中小微企业和个体工商户的潜力,在不增加客户经理数量和市场开发投入的情况下获得更广泛的客户群,又能够帮助地方政府破解民资管理难题,强化服务

本土市场；对于小微企业而言，既扩大了争取银行贷款和获得民间融资的可能性，又有可能降低资金成本；对于民间资本而言，有利于降低信用风险和法律风险，获得更多的投资和收益机会。

3.优化与民资转化相配套的市场环境

积极争取中国人民银行台州市中心支行的支持，建立健全路桥民间借贷利率监测体系，适时公布路桥民间借贷监测利率[①]。同时进一步强化信用环境建设，完善路桥自身的银行信贷、中小企业和农户三大信用平台，并重视对非银行信用信息平台的建设，由区主要领导挂帅，区金融办牵头非银行金融机构、工商、税务、劳动、质监、法院、科技等部门，共同加强对非银行信用信息的采集和管理；借鉴温州鹿城区经验，通过建立专门的金融审判庭，对金融债权案件在立案、审理、保全、执行等四个环节实行"四优先"，以专业化审批强化司法保障，同时针对小微企业信贷中出现的"自然人贷款坏账核销"困难的问题，专门研究出台相关的地方性法规文件加以解决。可结合路桥发展股权投资的需要，考虑建立路桥股权投资服务中心，与中国私募股权研究中心等机构密切合作，通过定期交流培训、组织参观著名创投公司、邀请 GP（普通合伙人，即基金管理者）路演等形式，强化对LP（有限合伙人，即基金出资人）或潜在 LP 的服务，以此作为与国内著名创投公司对接的基础。

4.构建防范民间资本风险的"防火墙"

要突出从制度上、源头上防范化解金融风险，及时出台如《企业

[①] 民间借贷利率是反映社会资金供求关系和民间融资市场秩序的综合性指标，其市场化程度高，充分反映社会资金供求关系。其长期走势与银行基准利率、物价指数等密切相关，抓准民间借贷利率对规范发展民间融资具有十分重要的意义。中国人民银行温州市中心支行自 2012 年 5 月起，正式对社会公布温州市民间借贷监测利率，同时公布温州利率月度指数和温州民间金融资金交易季度指数。

风险预警机制》相关政策,进一步加强企业资金链、担保链风险排查,实施分类,妥善处置风险,必要时设立企业互助基金或转贷基金,防止企业资金链断裂。要特别重视民间借贷规范的引导和宣传工作,严厉打击非法集资与高利贷行为。

第六节　创新发展的保障措施

一、争取示范试点

路桥下一阶段金融创新发展的中心工作是通过创建有一定影响的"小微企业金融服务创新示范区"、"产业金融创新发展试验区"和"民间金融规范管理和运营先行区",做实做响"中国小微金融之都"。因此,以"小微企业金融服务工作"为亮点和工作重点,首先争取中国银监会或省级的"小微金融服务创新示范区"试点授牌,将为路桥开展和推进此项中心工作提供重要的政策和舆论支持,创造良好的发展氛围。

1.统一思想,形成合力

路桥区委区政府应在全区领导干部和金融机构中传达和解读金融创新发展的基本思路和目标定位,并通过多种渠道在广大市民中开展宣传,使创建"小微金融服务创新示范区"和打造"中国小微金融之都"的工作目标深入人心、达成共识,从而形成合力共建局面。

2.认真谋划,落实方案

要组织力量、借助外脑,深入开展创建"小微金融服务创新示范区"和打造"中国小微金融之都"的战略研究,形成既高屋建瓴又行之有效的规划思路和工作方案。

3.争取支持,有序推进

要充分听取上级领导和金融监管部门的意见,积极争取中国银监会和省、市金融监管部门的大力支持,落实工作步骤,根据计划有序、分层推进。

二、加强组织领导

建立和健全"小微金融服务创新示范区"组织领导机制,形成省、市区联动机制,加强各部门对金融发展工作的沟通协调,做到"目标、责任、措施、协调"四到位。

1.加强领导

成立路桥区创建"小微金融服务创新示范区"工作领导小组,由区委区政府主要领导担任组长,办公室设在区金融办。主要工作是对接省、市相关部门,研究和部署年度工作计划,推进实行目标责任制,分解落实到有关部门、镇(街道)和金融机构。

2.充实力量

进一步增强区金融办的工作力量,参照省第一批金融创新示范县(市、区)的建设标准,设置一正两副八个编制,并为其开展工作提供充足的人力、财力和物力保障。

3.引进"外智"

向省、市组织部门申请,选派省、市金融管理部门相关领导或大型金融机构业务骨干到区金融办实职或柔性挂职,指导路桥区金融创新工作并联系与金融机构合作事宜,承担路桥重大金融发展项目,发挥其优势和特长,便利落实相关金融创新工作。

三、设立专项资金

加大金融创新工作的资金投入,通过财政设立"金融发展专项资金",为路桥的金融创新工作提供充足的资金保障。同时,根据经济社会发展和金融创新工作推进的要求动态调整,建立专项资金稳定增长机制。"金融发展专项资金"主要用于以下三个方面。

1.作为引导资金,吸引社会资本支持金融创新

政府财政资金作为种植资金,发挥引导和放大的杠杆作用,主要用于:设立产业和创业投资引导基金,设立小微企业转贷引导基金,等等。

2.财政资金直接投入或以拨改投,支持中小微金融服务

主要用于:对中小企业贷款风险的补偿,对企业上市的补助;参与金融机构增资扩股,等等。

3.财政资金直接投入,用于对金融创新的扶持和奖励

主要用于:对新设金融机构和金融中介机构的奖励;对金融创新工作的奖励,对融资性担保公司的扶持和奖励,小额贷款公司、村镇银行等新型金融机构和组织的扶持和补助,对金融机构和金融监管部门的目标考核奖励。

四、优化金融生态

以营造"绿色"信用环境和信用体系为目标,进一步加强小微企业征信管理和信用建设,同时采取有力措施防范金融风险,切实保障地方金融安全,打击金融犯罪,进一步优化路桥的金融生态环境。

1.营造环境

统一金融征信平台,营造"绿色"信用环境。完善银行信贷、中小企业和社会信用三大信用平台,重视对非银行信用信息平台的建设,加强对工商、劳动、质监、法院等非银行信用信息的采集和管理,率先在台州乃至全省建成与"小微企业金融服务"相配套的信息采集、共享的统一平台。

2.加强宣传

以创建"小微金融服务创新示范区"为亮点,结合各类论坛、招商会、推介会,做好路桥金融机构和小微金融发展的宣传工作,提高路桥"小微金融之都"的知名度。同时,大力开展征信知识宣传教育工作,培育中小企业信用意识,推动全社会信用文化建设。

3.防范风险

强化组织领导和部门合作协调,有效防范和打击高利贷现象和非法集资活动,切实做好区域性金融风险防控和企业资金链断裂、非法集资案件处置工作,维护路桥的金融稳定和社会和谐。

五、加强合作互动

在充分动员省、市、区力量推进"小微金融服务创新示范区"创建工作的同时,路桥应积极利用"外脑"和"外力",助推小微金融创新发展。

1.加强与代表性金融研究机构的合作

通过与浙江省金融研究院、浙江大学金融研究院等省内外代表性金融研究机构的合作,跳出路桥、谋划路桥,形成路桥小微金融创新发展的总体思路、目标定位和战略举措。并且,借助优秀研究机构的全球化网络,为路桥争取更多的金融发展资源。

2.加强与台湾金融界的合作

我国台湾地区小微金融服务体系完善、理念先进、手段和产品丰富,能够为路桥创建"小微金融服务创新示范区"提供有益借鉴。而且,台湾与路桥地域相近、交流方便快捷。与台湾金融界深入交流,合作举办年度论坛,有助于借鉴和学习台湾小微金融服务的先进经验,提升路桥金融机构服务小微企业的能力和水平。

3.加强与优秀券商和私募股权机构的合作

地方金融创新活动离不开金融机构的支持,路桥应积极与省内外优秀券商和私募股权机构建立紧密、频繁的合作互动联系,为它们提供工作便利和政策支持,引导和推动这些机构在路桥企业上市融资、发行中小企业私募债和设立产业投资基金等方面发挥积极的作用,更好地服务于路桥小微金融的创新发展。

六、强化金融招商

以区金融办为主体,联合其他部门,建立一支高端金融产业招商队伍,积极参加省、市相关部门组织的国内外金融产业招商活动,重点引进股份制银行、外资银行、证券机构来路桥设立分支机构,引进股权基金来路桥设立封闭运作的专项行业基金。

研究出台《金融招商奖励办法》,对为路桥区引进商业银行、外资银行、证券机构、股权投资基金等各类金融组织做出突出贡献的单位和个人予以奖励。

第七章　嘉兴市南湖区金融创新发展研究[①]

金融业是现代服务业的重要组成部分,是推动科学发展、转变经济发展方式的重要力量。"十二五"时期是南湖区加快结构战略性调整、推进经济发展方式转变的重要时期,要实现南湖区"十二五"时期经济社会发展的重要目标,金融是重要支撑和引导力量。2010 年 12月,南湖区成功申报浙江省第一批金融创新示范区试点单位,成为全省第一批七个省级金融创新示范县(市、区)试点之一,为扎实高效推进南湖区创建浙江省金融创新示范区的试点工作,明确南湖区在试点工作中的目标定位、主要任务和工作重点,加快南湖金融业发展,特展开本项研究。

第一节　改革创新基础与背景

一、发展基础

过去五年,南湖区按照科学发展观要求,谋划思路、完善平台、密

①　本章系浙江大学经济学院、浙江大学金融研究院 2011 年 8 月启动、2012 年 8月完成的《嘉兴市南湖区金融创新发展研究》成果之一。课题总负责人:蒋岳祥教授。课题调研中得到了嘉兴市人民政府金融工作办公室、南湖区人民政府金融工作办公室等单位的大力支持,在此表示感谢! 本章执笔:何嗣江、朱燕建。

切合作,金融工作稳步推进,金融运行情况良好。逐步建立了有一定创新能力的金融机构体系,融资结构不断优化,金融体系运行稳健,金融对经济社会发展的支持与贡献不断提升。

——金融体系日益完善。南湖区是嘉兴市的中心城区,集聚了丰富的金融资源。全区范围内有银行机构网点 130 家,保险机构网点 73 家(根据嘉兴市保险协会数据:市本级保险公司共 46 家,其中寿险 22 家、财险 24 家),证券营业部 8 家,投资公司及投资管理公司 48 家,小额贷款公司 3 家,担保公司 17 家,典当行 4 家,已形成了银行、证券、保险、典当、担保、小额贷款公司等多种金融机构协同发展的多元化格局。

——金融实力持续增强。政府通过搭建平台、密切交流、合作共赢等有效途径,促使金融机构与区内企业保持了良好的互动合作关系,金融对经济社会发展的支持力度不断加强。截至 2011 年 6 月底,全区金融机构本外币贷款余额 462.35 亿元,同比增长 30.36%,其中,政府类贷款 151.89 亿元,工业类贷款 149.50 亿元,农业类贷款 65.87 亿元。

——金融创新稳步推进。充分发挥政府引导基金的积极作用,发行了南湖区首个银政投结构化集合信贷产品"南湖烟雨",已为全区 13 家优质中小企业提供了信贷扶持。加强对农户和中小企业的小微金融服务,相继在新丰、余新、凤桥发展了邮储小额信贷产品,截至 2011 年 9 月底,已发放贷款 13461 万元,取得了良好效果。"十一五"期间,形成了股权转让、初始排污权交易、农村资产转让等特色金融平台。

——融资结构不断优化。南湖区企业融资结构不断优化提升,对接资本市场、参与资本运作的意识不断增强。直接融资工作获得突破,亚特电器已在韩国 KOSDAQ 上市,卫星石化的 IPO 申请通过证监会发审委审核,威能消防、博创科技、闻泰集团已进入上市辅导,斯达半导体、荣泰科技等多家公司正在积极进行上市前期工作。通过促进与各类金融机构的联动共进,陆续培育引进了九鼎、红土、清科等多家大型私募股权投资、风险投资公司,对区内企业资金支持日益加强;政府与商业银行、投资银行合作,推出中小企业债权基金,部分优质中小企业融资得到有效改善。

——金融生态环境良好。着力优化了金融发展政策环境、法制环境和人才环境,建立了政、银、企多方参与的金融稳定协调机制,完善了金融突发事件应对机制。为促进金融发展和维护金融稳定,2009 年 5 月成立了南湖区人民政府金融工作领导小组及其办公室,2011 年 6 月成立了正科级别的南湖区金融办,并对相关金融职能进行了整合,举全区之力共同支持金融业发展。

在南湖区金融业发展水平和质量不断提升的同时,其发展过程中仍存在不少困难和问题:一是金融服务能力方面,贷款集中于少数行业和企业,对小微企业、"三农"、民营企业的金融支持有待进一步加强;二是在金融产业发展方面,产业化程度偏低,金融产品创新不够,金融业对经济发展的贡献有待进一步提高;三是资本市场发展相对滞后,银行业居绝对主导地位、非银行金融占金融业的比重偏低的格局依然没有根本改观;四是金融监管方面,金融信用建设需进一步加强,信用体系、担保体系、宣传体系建设仍较滞后;五是金融工作机制方面,人民银行、银监局、保监局等金融单位在南湖区均无相应派出机构,省级金融创新示范区建设的市、区共建机制有待进一步健全。

二、发展环境

由于国内外经济社会的环境变化,南湖区发展金融创新示范区既面临着历史机遇,又面临着诸多挑战,总体来说,机遇大于挑战。

从国际环境看,国际经济发展不确定因素增多,发达经济体复苏缓慢且仍不够稳定，欧美等发达经济体继续采取量化宽松的货币政策；而新兴市场国家已启动加息进程，货币政策趋向从紧。金融危机加速了金融资源在全球的重新配置，金融业发展中心重新转移到服务于实体经济，以金融稳定增长为主旨的金融监管在全球范围内形成共识。

从国内环境看，货币政策由适度宽松转向稳健，流动性管理进一步加强，国内宏观调控政策对经济发展产生的政策叠加效应逐步显现。深化金融改革、加快建设多层次金融市场体系、完善金融调控机制、加强金融监督成为我国金融业发展的重要任务。社会各界对金融的重视程度大幅提高，各省、市都在积极争取先行先试金融领域综合配套改革政策，发展金融业的环境更加优化，金融创新示范区发展的政策环境将更加宽松。

从区域环境看，上海国际金融中心全面启动，必将带动长三角地区经济金融与国际更大规模、更深层次的接轨。浙江省就"十二五"期间的金融业发展提出了"双中心"（即中小企业金融服务中心和民间财富管理中心）建设的目标，南湖区是浙江省接轨上海的桥头堡，独特的区位优势为南湖区主动融入和对接上海国际金融中心建设、支持浙江省"双中心"建设提供了得天独厚的条件。

从自身实际看，一方面，南湖区正处于从传统产业向新兴产业转变、从粗放经济向低碳经济转变、从块状经济向集群经济转变的重要阶段，产业转型催生新的金融需求，科技主导型、新兴战略型、循环节约型经济的发展和"现代田园城区"现代产业体系的构建，必将催生大量的诸如创业资本、风险投资、融资担保、财务管理等新型金融需求，由此也将有助于南湖区金融创新示范区的发展。另一方面，南湖区也正处于全面促进城乡统筹发展，着力保障和改善民生的重要阶段，嘉兴在统筹城乡发展上先进的经验与先行先试的政策优势为南湖农村金融服务的发展提供了需求引导，城乡金融资源的优化配置、金融服务供求关系的改善、市场主导与政策扶持相融合的金融支农长效机制等方面的推进,将有助于打造南湖区金融创新示范区的金融特色。

第二节　改革创新总体思路

一、指导思想

以邓小平理论和"三个代表"重要思想为指导,深入贯彻科学发展观,全面落实省委"两创"总战略和市委"六大战略",紧紧围绕构建"五彩南湖"和打造"江南水乡现代田园城区"的总体目标,牢牢把握上海国际金融中心、浙江"双中心"建设的机遇,以满足日益增长的金融需求为主线,以改革创新为动力,着力做优金融公共服务、做精小微金融、做强金融业,全面推进金融创新示范区发展的"提速、提质、提能级",促进南湖区金融业的创新驱动、内生增长,形成与嘉兴市经济社会协调发展的现代金融支撑体系,实现城市、产业和社会平稳较快地转型发展。

二、发展原则

——政府推动与市场导向相结合的原则。既要充分发挥政府对金融改革发展的保障和促进作用,协调各方利益,把握制度变革的大方向,结合实际制定并落实金融产业政策;又要充分发挥市场对金融资源配置的基础性作用,保证金融运行的相对独立性。

——全面发展与突出重点相结合的原则。既要大力建设省级金融创新示范区,在全区范围内大力引进国内外金融机构和金融高端人才,积极培育各类金融要素市场,完善金融体系,优化资源配置,拓宽融资渠道,有效缓解南湖区经济社会发展中的融资难题;又要重点发展金融创新示范区核心区建设,侧重在 2.04 平方千米的核心区内建成"金融业公共后台服务基地"和"民间金融服务中心",积极主动承接沪杭金融产业转移,提升南湖区金融创新水平。

——改革创新与防范风险相结合的原则。既要坚持以创新的思路和方法解决发展中存在的各种问题,积极开发适合经济社会转型发展需要的金融新业态、新产品、新服务方式;又要坚持风险防控,完善金融风险预警机制、联席会议制度,健全金融风险防范体系,提高金融业可持续发展能力和运行质量。

——自身发展和服务全局相结合的原则。既要优化金融结构和布局,完善金融组织体系、市场体系、服务体系,做大做强金融产业,促进金融自身的科学发展;又要紧紧围绕打造江南水乡现代田园城区的"十二五"发展总目标,发挥金融在产业转型、科技创新中的重要作用,加大金融对经济社会发展的支撑力度,夯实经济发展的根基。

三、发展目标

南湖区省级金融创新示范区建设的目标是:围绕创建"省级优秀金融创新示范区"总目标,丰富金融发展载体,强化小微企业金融服务功能,推进多元化融资,创新特色金融,合理布局空间体系,把南湖区建设成为在长三角具有重要影响的"金融业公共服务基地"、"小微企业金融服务中心"和"城乡统筹金融创新先行区"。

到"十二五"期末,全区实现金融业增加值 80 亿元,年均增长20%,占全区生产总值和第三产业增加值的比重分别达到 15% 和28%,推进资本市场多渠道融资 200 亿元以上,金融业企业 200 家以上,引进各类高端金融人才 300 人次以上,基金管理公司、基金及其相关机构数量达 130 家以上,基金实际管理规模达到 1000 亿元以上,金融资产超过 3000 亿元,上市企业达 5 家以上。

四、发展思路

"十二五"期间,通过改革、创新、发展,紧紧围绕南湖区省级金融创新示范区建设一个主题定位,重点实现两大突破,整体提升三种能力,着力推进四大创新。力争举全市之力,将金融业发展放到嘉兴经济社会发展战略的重要位置。

——围绕一个主题定位。省级金融创新示范区建设为南湖区金融业的发展提供了巨大契机,未来若干年内南湖区金融业的发展将围绕建设优秀省级金融创新示范区这一主题展开。通过开展金融创新示范区试点工作,依托市本级的有利资源,借势发展、错位竞争,突出强化金融服务功能,整体提升金融业发展水平。

——重点实现两大突破。一是实现金融外包、后台等公共服务产业发展的突破,发挥现有服务业后台外包业务的基础,利用沪杭同城的优越区位效应、相对较低的商务成本以及宜居的城市环境,打造长三角地区领先的金融业公共服务基地。二是实现城乡金融服务均等化的突破,认真总结南湖区农村土地及资产交易流转平台经验,加大金融创新支持力度,全面推进南湖区城乡金融服务均等化,打造长三角具有重要影响的城乡统筹金融创新先行区。

——整体提升三大能力。通过省级金融创新示范区建设,整体提升南湖区集聚长三角金融公共服务产业的能力,增强金融公共服务基地的区域辐射范围和强度,助推城市转型发展;整体提升南湖区金融服务小微企业发展能力,让长期被边缘化的、有真实需求的个人和小微企业,能够以合理的价格获取高质量金融服务,助推经济转型发展;整体提升金融产业服务农村经济的能力,构建城乡金融服务均等化组织体系,进一步深化城乡统筹发展,助推社会转型发展。

——着力推进四大创新。围绕"理念"、"要素"、"产业"、"人才"四个向度推进创新。一是强化金融服务理念,着力推进工作体制机制创新;二是重点承接跨区要素集聚,加强金融业务区域内错位发展及合作共赢,着力推进区域金融合作创新;三是健全完善金融产业体系,着力推进金融市场与金融产品的创新;四是大力实施人才发展战略,着力推进人才培育创新、人才引进创新以及人才激励创新。

第三节　着力打造"金融业公共服务基地"

积极对接上海及长三角其他地区的金融发展,加快"长三角金融业公共服务基地"建设,集聚服务整体金融产业的公共要素,提升南湖区金融公共要素集聚能力、公共服务集聚地的辐射范围以及整体金融创新水平。

一、发展金融公共外包产业

大力发展金融服务外包产业,积极引进和培育金融客户服务、现金押运服务、呼叫服务、数据处理、民生性金融产品开发、设备测试中心、软件设计等服务现代金融机构的相关企业,为嘉兴市的金融业发展提供良好的社会服务支持,并逐步向长三角地区和全国辐射。

二、发展金融公共后台服务

主动接受国内外金融机构委托的非前台业务,为其提供及时、周到、准确的金融后台服务。初期重点向上海及本地的 PE、VC、信托等财富资产管理机构以及典当、担保、小额贷款公司等各类金融机构提供必要的后台服务;以央企公用信息(灾备)服务项目建设为契机,着力引进金融机构的各类数据中心、资金清算中心、银行卡中心、研发中心、呼叫中心、灾备中心等后台服务机构。

三、发展金融公共中介服务

集聚国内和国际优秀的金融中介服务机构，提升本地现有的金融中介组织的专业水平，健全律师事务所、会计师事务所、资信评级等机构，提供法律、会计、资信、评估等专业化服务，构建完整、安全的金融中介服务体系。重点培育具有证券从业资格的本地金融中介组织，为发展股权投资市场和推动本地企业上市提供信息和技术支持。

四、发展金融公共培训服务

培育发展本地培训机构，通过正规的商学院机制为各类金融机构提供各个层次的公共培训服务，为金融创新示范区提供智力支持，为整体金融业的发展提供人才动力。吸引各类具有特色的培训机构入驻，为各类金融机构定制个性化的培训方案，并在南湖实施培训服务。

第四节 着力打造"小微企业金融服务中心"

把提升小微企业服务能力作为金融创新示范区的一项重点工作，加快完善小微企业金融产品、服务创新和金融政策，构建较为完善的小微企业金融服务体系，保障小微企业的资金需求。

一、拓宽小微企业融资渠道

鼓励银行业金融机构围绕初创型企业发展，开发更多的小额信贷产品，进一步做好"南湖烟雨"集合信贷产品，为更多的优质小微企业提供信贷扶持。进一步发展并有效利用好区创业投资引导基金，加快与社会风险投资机构的紧密合作，采取阶段参股和跟进投资等方式，支持科技型、高成长性的小微企业发展。积极推动银行与小额贷款公司开展业务合作，围绕小微企业转型升级，开展并购贷款、供应链融资、物流融资、租赁融资、网络贷款等多种融资业务。

二、不断丰富金融服务机构

依托南湖丰富的民间资本优势，积极争取国家和省级政策支持，大力鼓励各类银行在南湖区设立各类小微企业专营机构、村镇银行控股公司、小微企业发展信托基金和住房信托基金，积极创造条件，引进小微企业专营机构总部落户。加快发展以服务小微企业、"三农"为主的小额贷款公司、村镇银行、农村资金互助社等新型农村金融组织。

三、着力搭建银企合作平台

积极为企业和金融机构牵线搭桥，为银企合作提供更加完善的服务。加强与金融机构的对接，积极为金融部门提供较为可靠的投资参考信息、推介项目，确保项目早建成、早投产。加强社会信用体系建设，加大对企业的信用监管力度，鼓励企业不断提高自身信用等级，以良好的企业形象赢得金融部门的信任和支持。建立小微企业服务网，为民间资金投资、小微企业融资提供信息和政策咨询、投融资项目申请受理、投融资问题答疑等综合服务。

第五节 着力打造"城乡统筹金融创新先行区"

以城乡统筹先行先试的重大契机，进一步构建满足城乡统筹发展需要的金融组织体系，优化金融服务格局，创新服务城乡统筹的金融市场和产品，提升南湖区内生金融创新能力，推进城乡金融服务均等化，实现城乡和谐发展。

一、构建多层次的村镇金融体系

继续推进农村信用社改革与发展,充分利用点多面广的优势,积极与银行、保险公司开展业务合作,建立广泛的委托代理关系,发挥农村信用社主力军作用。鼓励银行机构增加在农村的网点设置,积极发展村镇银行,提高其服务水平和市场生存能力,为民间资本进入金融业提供一条风险相对较低的渠道。加快发展农村资金互助社团,充分发挥其对正规金融机构的市场互补功能,有效满足中低收入农户和农村小微企业的金融需求。形成以信用社、邮储为主体,小额贷款公司、村镇银行为支撑,农民资金互助社以及农村资金互助社团等新型农村金融组织为重要补充的微型金融组织体系。

二、加大对农村建设的支持力度

根据新市镇资源禀赋、城镇化建设和现代农业发展中金融需求特点,采取银政、银企、银农合作形式,引导金融机构对各镇重点产业、行业和项目给予积极的信贷支持。重点支持小城市建设、市镇基础设施建设和农业产业化建设。建立农村贷款保证制度和农户信用评级机制,适度提高农户信用贷款额度,扩大农户贷款覆盖面。构建新型信贷支农体系,着力扩大贷款额度,推行贷款利率市场化运行试点,适当延长贷款期限,有效缓解农民担保难、贷款难问题。

三、开发满足城乡统筹的金融产品

研究开发适应新农业、新农村、新农民发展需求的金融产品和服务,发挥微型金融在进一步推进"新三农"与城乡统筹发展中的引擎作用。全面推进农村金融产品和服务方式创新,进一步探索低成本、可复制、易推广的金融产品和服务方式。支持各类金融机构和新型农村金融组织根据农村发展的新形势,积极研发和推出适合农村和农民实际需求特点的创新类系列产品,在土地流转金融、水域流转金融、农民宅基地金融、创业金融等领域形成创新优势。

第六节　推进多层次多渠道多元化融资

大力构建与南湖区产业转型升级相适应的多层次资本市场体系,支持正处于规模扩张、加速发展和转型升级关键时期的区内外众多企业,通过资本市场融资,实现民间资本与实体经济的有效对接,促进资本市场和产业转型之间形成相互促进的螺旋式上升。

一、大力推进企业上市融资

坚持企业主体与政府引导相结合的工作原则,按照筛选培育一批、改制辅导一批、多渠道上市一批的工作思路,加快企业上市步伐。鼓励优质上市公司通过多种方式扩大再融资规模,支持有条件的企业利用资本市场开展兼并重组。推动一批中小高新企业在创业板上市,稳步推动民营企业赴境外上市融资。加大上市后备企业培育力度,加强跟踪指导和服务。"十二五"期间,努力推动 20 家左右企业进入改制上市程序,实现上市公司总数达到 5 家以上。

二、积极推进股权投资发展

着力引进 PE、VC 和信托等财富资产管理机构,发展壮大现有股权投资公司规模,与省、市对接,探索方便投资机构设立运行的原则,降低股权投资出资门槛。加快股权投资基金和创业投资基金运作。建立健全股权投资基金服务中心,为落户南湖区的基金运作提供全程市场化、商业化服务的股权投资基金服务,打造"格林尼治式"的在全国有一定地位的基金小镇。到"十二五"末,实现基金管理公司、基金及其相关机构数量达 130 家以上,基金实际管理规模达到 1000 亿元以上,金融资产超过 3000 亿元。

三、构建地方产权交易市场

紧紧把握天津股权交易所落地嘉兴的契机,积极引进省内外产权交易机构来嘉兴开设分支机构,着力发展地方产权交易市场。积极探索非上市股份公司股权转让和进入场外市场的途径,推动建立符合市场机制的非上市公司股权流转平台,加快推进非上市股份有限公司股权转让机制,加强股权流转信息公开。与全国各地的产权交易机构开展深层次合作,实现信息共享,吸引省外和国外投资者来本地投资,协助企业进行跨地域的定向收购兼并。

四、建设民间资本投资服务中心

加快民间资本投资服务中心建设,以"为资本找项目、为项目找资本"为宗旨,利用现代、高效、畅通的信息网络,整合南湖乃至全国优质项目资源和民间资本资源,创新民间金融和地方资本市场发展模式,提供资本与项目投融资咨询、策划服务,提供资本与项目的发布、展示和推介服务,促成资本与项目的洽谈和交易活动,进行企业上市辅导,开展项目和企业人员培训,实现资本、项目、人才、科技、企业、市场之间相互对接,努力将服务中心发展成为"集聚民资,服务民企"的全国性民间资本投资服务平台。

第七节 创新发展特色金融

根据南湖区经济内生需求特点和现有产业结构,大力开发特色金融产品。以嘉兴科技城发展为契机,加快发展科技金融;以初始排污权交易试点为契机,着力发展低碳金融;以文化大发展为契机,积极发展文化金融;以浙江海洋经济建设为契机,探索发展航运金融。

一、加快发展科技金融

推进"政产学研金介用"深度合作,健全以信贷担保、风险投资、保险保障为支撑的科技金融创新服务体系,推动商业银行设立科技支行,为科技型中小企业提供专业的金融服务。完善创业投资引导基金,引导社会资本发起、参与设立创业投资机构,重点投资于战略性新兴产业的初创期与成长期的科技型中小企业,扶持有成长性的科技型中小企业通过创业板上市融资。开展科技保险试点,为科技企业技术创新活动分散和提供保障。探索适合科技企业特点的担保方式,研究开展天使担保、期权担保、知识产权质押担保、订单/应收账款质押担保等新产品。

二、着力发展低碳金融

依托全国率先试点的初始排污权交易先发优势,争取建立碳排放权交易平台,开展碳排放权交易试点。积极支持低碳城市建设,设立以能源产业投资基金以及低碳领域为投资重点的股权投资基金,探索设立碳排放基金,引导金融机构开展排污权质押贷款业务,加大对节能减排企业及项目、环境整治与保护工程的信贷投放力度;推行环境污染责任保险试点等绿色保险试点,将保险纳入太湖流域水污联防联治机制。

三、积极发展文化金融

积极响应国家推动社会主义文化大发展大繁荣的号召,搭建金融对接文化产业的公共服务平台,为南湖区集聚发展红色文化创意产业、打造文化创意活力区提供金融支持。设立信息交流服务平台、成果转化服务平台、金融联动服务平台,着力挖掘优质项目,定期向金融机构推荐文化企业贷款项目,促进文化成果转化和产业化。加大文化产业的资金扶持,创新文化产业的融资机制,建立文化产业化专项资金,成立文化产业专项担保基金或担保机构,发起文化产业专项信托计划,增加文化企业的信贷规模,为南湖区优秀中小文化企业提供信贷支持。

四、探索发展航运金融

充分利用沪杭同城效应优势,积极把握浙江海洋经济发展和上海国际航运中心建设的机遇,大力发展航运金融。加快引进、设立一批与航运金融业务相关的各类中介机构,为航运金融业务发展提供优质服务。以港口、航空、铁路和公路运输枢纽为依托,引导金融机构大力发展物流金融、仓储金融、租赁、票据担保、结算融资等业务。大力发展各种债券融资产品,推动港口物流企业发行集合债券、集合票据和集合信托计划,充分运用股权投资加快港口物流企业的资本形成。

第八节　空间布局

金融创新示范区发展布局应遵循"科学规划、合理布局、突出中心、资源集中、集聚集约、开放融合"的原则,不断做实做优南湖区金融创新示范区内涵。具体布局分为三个层次。

一、省级金融创新示范区核心区

金融创新示范区核心区选址在南湖新区(国际商务区中南湖区负责建设的 2.04 平方千米区域,下文简称"核心区")。核心区位于长水路以南、三环南路以北、三环东路以西、庆丰路以东，距沪杭高铁嘉兴站约 2 千米，是国际商务区未来的"生活服务产业片"，毗邻南湖新区成熟的商业体系，交通条件良好，基础设施良好，容易更快融入城市商圈。由此建立：

——长三角私募重镇。通过发挥南湖区的区位优势和服务，充分激活地方政府、金融机构、金融市场等相关主体的功能，借鉴美国格林尼治小镇的发展模式，制定股权投资、风险投资为主导的设计方案和税收政策等配套政策，吸引国内外投资机构聚集，将核心区打造成为新兴的"基金小镇"。

——PE/VC 注册天堂。借鉴发达地区支持私募基金发展的优惠政策，以打造"PE/VC 注册天堂"为目标，制定股权投资、风险投资为主导的设计方案和税收政策等配套政策，吸引国内外知名的 PE、VC 投资及其他中介机构聚集。

——金融后台服务和外包业务产业基地。着力引进服务上海国际金融中心、新型金融机构的后台服务和外包业务的高新类企业入驻，吸引国内外有较大影响的创新型金融机构进驻，设立研发中心、高端培训中心，形成高新企业密集、配套设施完备、集散功能强大的金融后台服务和外包业务的产业基地。

——金融人才培训基地。整合嘉兴学院、同济大学浙江学院等优质师资力量，借鉴国际大中型企业员工培训理念和方式，根据各类金融机构对人才的需求，面向长三角组建集培训、考核、管理、咨询、学术研讨、人才交流与输送为一体的金融人才培训基地。

——乐活金融基地。着力建立和完善通讯、信息、商务、会议、酒店、公寓、休闲娱乐等商业服务配套设施，为金融商务提供完善的配套服务，实现金融商务与配套服务的相互促进，建立一个商业配套设施完善，生活配套丰富的金融创新示范区核心区"乐活金融基地"。

二、嘉兴金融商务区

嘉兴金融商务区以嘉兴市中心城区（主城区井字形商圈）成熟的商业氛围和金融氛围为依托。着力引进商业银行、中小企业金融事业部、国内外大中型商业银行、保险公司、证券公司，精心引进和培育信用评级、资产评估、融资担保、投资咨询、法律服务等与金融相关的中介服务机构进入中心城区，为全市企事业单位和居民生活提供便捷、高效、优质的金融服务。

三、城镇金融小商品市场

城镇金融小商品市场以五大新市镇（新丰、余新、凤桥、大桥、七星）为依托，根据其资源禀赋和产业基础、城镇化建设、现代农业发展中的金融需求等特点，率先在每一个镇培育一个反映本地需求的金融小商品市场。推动村镇银行、小额贷款公司、农村资金互助社等新型农村金融机构在新市镇的发展，鼓励商业银行、农村合作银行到农村社区设立流动性惠农金融服务点。积极推动"三农"金融产品和服务创新，鼓励广大金融机构因地制宜地投放惠农自助贷款、惠农安居贷款、惠农创业贷款、惠农帮扶贷款和惠农基础设施贷款，扩大农户贷款覆盖面。

第九节　保障措施

一、推进体制机制创新

——加强组织领导。充分发挥区金融办作用，把金融创新示范区建设纳入重要议事日程，从组织领导、协调机制、政策支持、工作部

署等方面,切实加强协调和领导,并组织编制"南湖区省级金融创新
示范区行动纲领",同时出台相关实施细则。充分发挥市政府相关部
门的作用,建立市、区共建金融创新示范区的组织机制。

——完善工作机制。探索打破条块监管权限,完善政府部门监
管机构和银行、保险、证券及其他金融组织之间的工作协作制度和机
制、风险预警和处置机制;加强金融信息交流,及时传递宏观调控信
息,完善沟通机制,定期开展多层次、全方位的融资和项目推荐、金融
新产品介绍等活动,努力构建和谐的银政企关系。

——强化考核监督。区金融办根据明确的工作任务和工作要
求,制定科学合理的考评办法,建立例会制度和定期考评考核制度,
对各有关部门、单位落实金融创新示范区建设规划工作的进展情况
进行定期考评。建立"十二五"期间南湖区金融创新示范区建设重点
项目库,完善重点项目责任制和评估机制,定期对各单位的实施情况
进行考核评估,确保重点项目有计划、按步骤地得到落实。

二、加大政策扶持力度

——争取上级金融创新试点政策。应在巩固现有金融创新改革
试点工作成果的基础上,争取省、市更多的金融创新试点政策支持。
在建设"一个基地"和"一个先行区"的进程中,南湖区在大力突出自
身在农村要素流转平台等方面的先发优势的同时,抓住国家大力发
展金融业和着力解决"三农"问题的契机,配合国家改革试点的需要,
紧跟国家相关政策的步伐,争取相关优惠财政税收政策。

——出台区级权限配套政策。在上级主管部门的批准下,区委
区政府及各有关单位研究出台金融创新示范区建设的土地供应、人
才吸引、财政补助、鼓励创新等方面的优惠政策。突出加大财政支持
力度,探索综合运用资本注入、风险补偿和奖励补助等方式,鼓励和
引导各金融单位或机构积极配合南湖区试点工作的推进和开展,确

保南湖区的各项扶持鼓励政策能够在长三角地区具有明显的比较优势。

——编制金融创新核心区专项规划。学习和借鉴国内外政府推动"金融核心区"建设的成功经验和方法，围绕《省级金融创新示范区建设发展规划》制定南湖金融创新示范区核心区专项配套规划，包括南湖区建设省金融创新示范区具体工作方案、金融创新示范区重点扶持创新型金融产业专项规划以及为核心区提供基本生活保障的配套性专项规划等。

三、优化金融生态环境

——加强社会信用系统建设。制定实施《南湖区社会信用体系建设总体方案》，支持并充分利用人民银行进一步完善企业和个人信贷征信系统；大力推动企业信用评级市场发展，制定和完善信用征集和信息披露制度，建立守信受奖和失信惩戒机制。引导和推动信用评级（评分）结果在贷款、保险、政府采购、项目招标、政府担保等方面的广泛运用。逐步形成以政府信用为保障、企业信用为重点、个人信用为基础的社会信用体系。

——提高政府服务意识。继续深化行政体制改革，坚持政务公开，实施依法行政，推进电子政务，提高办事效率，营造透明高效的行政环境。建立和完善金融机构与政府部门的信息联络、工作交流机制，及时了解和掌握金融业发展动向，切实帮助解决金融改革、创新、发展中存在的困难，不断完善有利于金融业发展的软环境。

——完善金融发展法治环境。支持金融监管部门依法履行职能，加强地方金融工作部门、执法部门与金融监管部门之间的协作，支持司法机构完善金融诉讼案件审理机制，加大金融案件立案、审理和执行力度，规范企业破产行为，依法维护金融债权，适时出台符合南湖实际的地方金融相关规章、条例，为金融机构发展创造良好的法制环境。

——加强金融监管力度。加强对金融风险的控制管理,完善风险防范措施,防止新的不良贷款产生。健全金融监管合作机制,加强政府金融主管部门、金融监管部门与纪委、公安、检察院、法院、工商、税务等部门协调联动,建立健全系统性金融风险防范预警体系和处置机制。强化金融秩序,严格查处高息揽存、变相高息揽存等违规行为,严厉查处不正当竞争行为。完善打击恶意逃废银行债务机制,深入打击恶意逃废银行债务、保险违法和损害投资人权益的行为。

四、加强人才队伍建设

——大力引进金融及相关专业人才。在金融人才的聘用和使用中,真正体现"政府调节、市场引导、自主择业、双向选择"的市场化人才配置机制,根据南湖区金融创新示范区建设的需要,政府制定金融人才需求导向目录,对于目录范围内符合金融机构聘用条件的人员,就子女的户口、就业、教育等开设绿色通道。

——加强金融人才培养和推进人才本地化。实行"政、企、校"合作的后备人才培养计划,保证南湖区金融业发展的人才储备和增量供给。政府牵头,与专业设置对口、教育质量较高的高等院校签订服务意向协定;鼓励高等院校在南湖区建立金融专业的实习和研究基地,以此便利高等院校和金融机构的信息交流,利于高等院校了解嘉兴金融机构的人才需求特点及其变化,为南湖区金融业发展输送具有前瞻性的实用型人才。

——有效利用外部智力资源。充分利用嘉兴与上海、杭州的同城优势,与两地高校和金融研究机构建立紧密合作关系,广泛利用国内金融智力资源。聘请省内外高水平的金融专家组成金融专家咨询委员会,研究金融业发展的重大问题,为区政府决策和金融机构发展提供咨询。充分利用我国香港地区、台湾地区和国际金融人才资源,探索金融智力服务国际化路径。

五、提升宣传引导实效

——加强典型示范。加强对省优金融创新示范区创建活动中先进典型、先进经验、新兴业态、创新型金融产品和发展模式的宣传报道;及时总结创建活动改革创新经验,在全市范围内进行推广,形成创建省优金融创新示范区的良好氛围,增强金融创新示范区的发展动力。

——拓宽宣传渠道。充分发挥新闻媒体及其他宣传舆论阵地的作用,大力展示金融创新示范区的发展成果,积极宣传加快发展金融业对加快发展经济发展方式转变和经济结构调整的重要作用,尤其是重点宣传"小微企业金融服务中心"的金融产品、扶持小微企业成长的案例,动员全社会力量参与,形成发展合力,切实把省优金融创新示范区创新活动和金融业的发展摆到更加突出的位置。

——加快招商引资。主动对接上海、服务长三角,加大营销力度,出台有吸引力的政策,通过会展、论坛、政府推介等多种手段吸引上海的国内外金融机构、长三角地区的金融机构在基地设立后台服务平台;积极引进上海及长三角与后台服务和外包业务相关的高新类企业入驻基地;着力培育符合开放条件的证券、基金、咨询服务公司,引进合格的境外机构投资者和风险投资机构。

参考文献

[1] 史晋川,金祥荣,赵伟,等.制度变迁与经济发展:温州模式研究[M].杭州:浙江大学出版社,2002.

[2] 史晋川,何嗣江,严谷军,等.金融与发展:区域经济视角的研究[M].杭州:浙江大学出版社,2010.

[3] 张震宇.温州模式下的金融发展研究[M].北京:中国金融出版社,2004.

[4] 浙江大学金融研究院,浙江省金融研究院.2010 年浙江省金融发展报告[R].杭州:浙江大学出版社,2010.

[5] 浙江大学金融研究院,浙江省金融研究院.浙江省"十二五"金融业发展规划研究[R].2010.

[6] 中国人民银行货币政策分析小组.2009 年中国货币政策执行报告[R].2010.

[7] 国家统计局.国民经济和社会发展统计公报(1980－2004)[R].1981－2005.

[8] 陈林.农村金融深化与农民组织化:建立以金融为核心的普惠合作体系[J].农村金融研究,2010(5):25－30.

[9] 郭晓鸣,唐新.村镇银行:探索中的创新与创新中的选择——基于全国首家村镇银行的实证分析[J].天府新论,2009(2):71－75.

[10] Keeley M C, Furlong F T. A reexamination of mean-variance analysis of bank capital regulation [J]. Journal of Banking & Finance,1990,14(1):69-84.

[11] 陆磊,王颖.以社区型金融机构为载体构建中国普惠制金融框架:从微观到宏观[J].农村金融研究,2010(5):11-17.

[12] 沈杰,马九杰.我国新型农村金融机构发展状况调查[J].经济纵横,2010(6):75-79.

[13] 沈沛龙,申毅刚.现阶段我国农村金融组织创新研究[J].山西大学学报:哲学社会科学版,2010,33(2):93-98.

[14] 夏慧.普惠金融体系与和谐金融建设的思考[J].浙江金融,2009(3):18-19.

[15] 邢早忠.小额贷款公司可持续发展问题研究[J].上海金融,2009(11):5-11.

[16] 赵艳莉,张庆亮.我国农村资金互助社监管探讨[J].农村金融研究,2010(6):76-78.

[17] 浙江省发改委课题组.产业转型升级与资本市场:动力命题[J].浙江经济,2010(9):24-25.

[18] 浙江省发改委课题组.构建与产业转型升级相适应的资本市场体系[J].浙江经济,2010(9):32-33.

[19] 周小川.关于推进利率市场化改革的若干思考[J].西部金融,2011(2):4-6.

[20] 诸葛隽.民间金融创新:温州的实践[J].上海经济研究,2009(4):58-64.

[21] 卓尚进.推进利率市场化:需要综合配套改革和完善监管政策[N].金融时报,2011-01-22.

索　引